他們生長在最安全的年代，
卻是心理安全感低落的世代。

過曝世代

青少年為什麼更不快樂、更缺乏安全感、自我評價更低落

臨床心理師 **陳品皓** —— 著

好評推薦

過曝世代的指南針與定心丸

在網路社群如此發達的時代，你，快樂嗎？你的孩子呢？

以前 WiFi 還不是如空氣般存在的時代，一切相對純粹簡單。上學就是上學，下課就是下課，能剝奪我們專注力、影響我們情緒的刺激與媒介少很多。

然而，屬於網路原生世代的青少年，卻要更早面臨網路無邊界的特性，他們的自我認同與心理安全感持續被入侵，已是全球性的議題。

看懂過曝世代的真實樣貌，透過這本好書做好全方位的心理建設，學會有效的應對方式，身為父母的你將不再漫無邊際的焦慮，更能陪伴孩子一起找回生命的餘裕，定心前行。

——**洪培芸**／**臨床心理師、作家**

大家都在問：「數位時代的孩子怎麼了？」數位科技是如何一步一步改變現今孩子的習慣、性格或大腦活動，進而影響其心智、自尊與情緒的發展？而家長及學校老師又該如何招架？陳品皓臨床心理師對這個議題有長期且深度的觀察，其新作必能提供教育或教養界耳目一新的洞見。

——**陳志恆**／**諮商心理師、暢銷作家**

我在演講時，最努力想傳遞給父母師長的概念就是：「孩子身處的時代和我們不同。」如品皓心理師在書中所說，在這個 WiFi 如同空氣般存在的時代，孩子因為網路的影響，如何在自我評價、人際相處中迷惘、困住。協助孩子的方式無他，「理解」孩子身處的時代，肯定是第一步！第一線實務心理師的最新著作《過曝世代》，用幽默詼諧的方式，手把手帶我們認識這群過曝世代的青年！

——**陳雪如／諮商心理師**

品皓的這本新書太好看了，流暢幽默，花了兩個小時就一口氣讀完。很欣賞品皓不先講如何讓孩子「戒手機」，而是帶著大人去理解「過曝世代」的青少年們遇到什麼困難。

「生長在史上最安全的年代，心理卻處在安全感低落的世代」，品皓深入生動的描述，帶領我們進入孩子的世界，理解這些網路特性為何惡化了青少年的自我認同焦慮與情緒困擾。

期待家長隨著品皓的帶領能轉換不同視角，用更溫柔的心，嘗試書中提供的卓越教養建議。

——**鄭皓仁／寬欣心理治療所所長、臨床心理師**

自序

一起看見孩子的處境、想望和渴求

「網路」對於我和許多同業的專業人員而言，一直有一種滿矛盾的感覺（至少對我來說是這樣）。一方面我們享受著它對生活所帶來全方位的變革與便利，然而另一方面，我們也看到它對青少年所帶來的影響。因為在臨床工作中，我們許多服務的對象，就是伴隨網路重度使用的青少年。

在長年和青少年合作的經驗中，我發現想要把「網路」視為獨立單一的行為問題，其實是不太有意義的。因為網路早就已經是這個世代的生活日常，就像電冰箱、摩托車以及我的刮鬍刀一樣，它們都是我們生活中極度依賴、不可或缺的存在。因此當我想要和讀者們分享網路的影響時，我就不能不把「網路使用者」這個角色一併納入考量，以整體的觀點來理解和思考他們相互之間的關係。

因此，既然我想理解青少年在網路時代所面對的生活，那他們在這個階段的心理特徵和發展狀態，就必須同時和網路的種種影響面向放在一起思考。這也是本書所採取的主要視野：「網路如何影響這個世代青少年的身心發展」。我試著在本書中，將專屬於這個世代的情緒經驗，以及它的文化時代內涵，做一個探索性的說明，希望能有助於我們更加理解朝夕相處的孩子們。由於工作與經驗的緣故，我不會著重在網路所帶來的正面影響與幫助，而是回到我們應當更加認真看待的風險層面。

《過曝世代》內容的念頭發想，其實早於我上一本著作《心理韌性》，這兩本書寫作的素材同樣都來自於工作中的累積，以及米露谷團隊的經驗觀察，兩者之間也有論述上的邏輯關係。不論是《過曝世代》

或是《心理韌性》，都是我們嘗試對這個世代的兒童青少年，所遞出的一種理解與回應的努力。只是《心理韌性》早一步在疫情期間問世，直到後疫情時代，我才有機會再回過頭來慢慢爬梳與整理《過曝世代》的內容。

《過曝世代》作為《心理韌性》的基礎和核心，我試著從更全面的觀點，將孩子所處的時代因素、心理發展特性，這兩者間彼此交互作用下所帶來的影響，做一個整合與分享。在這種理解下，希望能夠帶給讀者在親子關係中的一些觀點和看見。

本書分為四個部分，第一章闡述了過曝世代的意涵、青少年的心理特性，以及兩者間的關係與影響。第二章從過曝世代所遇到的挑戰出發，回到孩子本身，我們在教養中值得參考的具體原則和建議。第三章著重在家長面對過曝世代青少年的成長、陪伴中，互動的原則與練習。第四章則是針對幾種常見親子間因為網路引發的衝突，能夠緊急介入的方法。

我想邀請大家，一起跟著我從青少年的角度切入，由網路的主題延伸，並回歸到這些現象背後更核心的本質：身而為人，他的處境、他的想望和渴求，以及他需要藉以安身立命的依歸。

目次

第2章——給過曝世代的心理疫苗

第3章——過曝世代家庭教養心法

第4章——先覺察，再解決問題

結語　讓孩子在愛與相信裡得到能量

前言

網路社群讓我們的孩子更不快樂？

大約十年前，「學生輔導」的概念還在萌芽與發展，我以專業人員的身分受新北市多所學校邀請，進入校園和孩子、導師、家長一起合作，試著為孩子找到適應環境的方法。十年多下來，服務的足跡遍及市內將近五、六十所中小學。後來一路從各校獨立合作的心理師，到成為教育局輔導教師督導，我們持續以團隊的模式在輔導工作上精進交流。期間也見證了國內首部輔導專法《學生輔導法》正式在立法院通過施行，為校園輔導工作奠定了明確的法源依據。

回首頭幾年校園的輔導工作，我還記得早期由導師們轉介來輔導處的孩子，多半是注意力不足、過動、衝動、嗆老師、對立行為、情緒暴衝跑出教室等外顯問題，這些也是大家一眼就能在教室中看出來的明顯行為。

隨著時間推移，我服務的場域也從學校，移轉到現在和夥伴們創立的心理治療所。在近幾年治療所的諮商服務中，我看到越來越多轉介來治療所的孩子，問題的類型已經從早期的外顯行為開始出現了轉變：人際關係退縮、社交焦慮、自我傷害、網路沉迷、拒學、學習低落等，這些都和早年孩子們的主要問題有很不一樣的差異。

孩子問題的型態在這十年之間的轉變，讓我感到好奇，也讓我開始思考背後的原因。隨著我與米露谷團隊（心理治療所名稱）合作的時間越長，服務的孩子越多、了解越深入，同時整合團隊心理師內部的交流與觀察，我逐步在這些現象的背後，看到了一整個世代的輪廓與樣貌。

全球青少年負面情緒升高

越來越多的研究調查結果顯示，這個世代的孩子，有著各式各樣的情緒困擾。「教育部統計，二〇一九年，國中、國小學生向輔導室求助的問題裡，『情緒困擾』位居第一；高中階段則位居第二，僅次於生涯輔導。董氏基金會二〇一八年調查，高中生每七位有一位具憂鬱情緒。衛福部二〇一四年調查，約有兩成國、高中生認真想過自殺。」這一段節錄自《親子天下》「二〇二一年兒少心理安全感萬人調查」的專文，顯示出情緒困擾是當前兒童青少年中普遍的現象。

該調查也進一步發現，國小中年級到國中階段的孩子，認為自己比不上別人、害怕失敗、不敢嘗試新事物的比例，在常態性上網的族群中占比最高，且有近五成的孩子擔心父母的愛有條件。而在人際關係的心理層面，將近一半的孩子非常在意別人對他的看法，尤其是負面評價的部分，其中女生又比男生更在意。

國外正式的專業機構調查也顯示，近年來青少年在心理健康的議題上出現越來越多的問題與困擾。二〇一九年，美國學界專業的《違常心理學期刊》（Journal of Abnormal Psychology）調查，在二〇〇九至二〇一七年間，青少年在和心理健康有關的疾病中，總共增加了五〇％左右的患病率，研究最後指出，電子通訊和數位媒體可能在其中扮演重要的影響。無獨有偶，二〇二一年，美國疾病管制與預防中心（CDC）發布了〈青少年風險行為調查報告〉，針對近十年青少年的行為數據進行調查，發現青少年在這十年間的心理健康問題都有所增加。

諸如此類的現象，加上對照近年來我和團隊夥伴們在諮商中的大量觀察，這世代的孩子給我一種隱微但又強烈的矛盾感受：

這可能是一群生長在史上最安全的年代，心理卻處在安全感低落的世代。

儘管孩子們在社群平台上總是展現出五光十色的亮麗面，擁有最新穎而多元的資訊管道、最時尚的潮流選擇，和網友或同學們在網路上進行著熱絡而頻繁的互動。在另一方面，他們卻常常陷入一種心理安全感相對低落的狀態：擔心自己不夠資格、擔心關係不夠穩定（愛有條件）、擔心別人不喜歡自己（害怕負面評價）。

影音社群餵養長大的孩子

這一代青少年的心理健康議題，究竟是怎麼發生的？

二〇二三年，負責提供健康照護專業建議與指引的美國衛生局（Office of the Surgeon General），曾針對「社群媒體與青少年的心理健康」之間的關係與影響，提出一份長達二十五頁的專業報告。報告中指出，有充分跡象顯示當今的社群媒體可能對兒童及青少年的心理健康與幸福造成嚴重傷害。

同時，美國一所專注於媒體與內容安全議題的非營利組織「常識媒體（Common Sense Media）」則是在近期發表了一篇名為〈二〇二四年美國兒童與家庭現況〉的報告，報告中調查顯示，有超過一半（五三％）的兒童與青少年，心理健康問題成為他們在校園中最主要的困擾來源。

聲譽卓著的美國心理學會（American Psychological Association），則是在二〇二三年所發表的「社群媒體使用指南」中，首次建議父母親針對孩子們使用社群平台，諸如TikTok、臉書（Facebook）與ＩＧ（Instagram）應有所關注和管理。

在上述種種相關專業機構的調查與建議中，都認為**青少年的心理健康議題，和社群網路之間，有某種緊密的關係。**

我把這些一出生就與網路緊密相依、在成長中受大量影音社群餵養的孩子，私下稱之為「過曝世代」。過曝原本是指攝影時曝光過度（因為相機光圈過大、快門過慢等原因，造成畫面亮度過高的現象），而「過曝世代」，指的就是過度暴露於網路下成長的年輕世代。我們這一代人小時候呼吸的空氣，成分主要是氧氣（O_2）和二氧化碳（CO_2），而過曝世代從小呼吸的空氣裡，成分除了 O_2 與 CO_2 以外，還包含了 WiFi。WiFi 成為過曝世代成長、生存不可或缺的條件之一，若他所待的地方，空氣中沒有 WiFi，那可能會引發一堆極度難受的身心症狀。

心理成熟度延遲的整體世代現象

過曝世代孩子有幾個特徵，在看似心理脆弱的背後，實則是容易受到情緒困擾、注意力普遍不集中、思緒碎片化、抽象思維、思考內容與深度普遍性低落、對於評價存在一種超乎同齡層的在乎與恐懼、缺乏目標感而呈現動機低落的狀態。在這些現象的綜合表現下，呈現出一種心理成熟度延遲的整體世代現象。

在這些現象的背後，我觀察孩子們的心理發展軌跡中，普遍都有一個類似的核心主題：「**網路原生、界線失序、餘裕失去**」。這幾個元素構成了過曝世代在適應問題中的心理主軸，也是我在整合許多相關的研究調查報告、來自治療所中大量第一手的臨床觀察，以及團隊夥伴們綜合評析與歸納後，所形成初步的一個整體架構。有關過曝世代的樣貌與細節、困擾與影響、成因與面對等，將是我接下來在這本書中，想和你一起聊聊的部分。首先，我們從這一切的開始：「網際網路」談起。

不少讀者應該還記得，西元二〇〇〇年前後，隨著網路越來越在我們生活中普及，連帶網路能應用的場景也越來越多。當時一堆打著「.com」的網路公司如雨後春筍般冒出，極高的股價創造出破紀錄的市值，過多的熱錢湧入資本市場，造成這些網路新創公司估值的泡沫化，沒多久之後就迎來股市的崩盤。然而這次事件的主角：網際網路，並沒有隨著泡沫破裂而消失，反而隨著應用的普及更加蓬勃發展。到了二〇〇七年前後，世界上第一支具備真實意義上的智慧型手機問世，網路加上手機，讓人類的生活自此帶來快速而劇烈的改變。我們從原本固定端上網的模式，正式進入隨時隨地皆可上網的行動端生活，這大大改變了我們的注意力歷程，只是當時我們都還不知道這一點。

而在網路搭上智慧型手機之後，它對所有人所帶來各個層面的影響，我們至今都還不算清楚，尤其是對孩子身心成長與健康的部分，至今我們仍然莫衷一是。我們都還在「適應」網路這件事，包含它帶來的益處，也包括它帶來的負面影響。坦白說，我們在適應網路的這部分，目前為止做得非常有限。我們在一片迷茫中摸索自己和網路的關係，以致於直到現在，學校每年的親職講座都仍有一個很受歡迎的主題：「談網路成癮中的親子教養」，這也是我每年必定會受邀演講的主題之一。

與其說是有關網路的講座受歡迎，不如說是因為我們在面對孩子使用網路時，仍然沒有什麼頭緒，也缺乏一致的看法跟原則，因此很難拿定主意，需要聽聽看其他專家學者的意見。

同時，在我們還沒完全搞清楚網路所帶來的影響之際，孩子已經在網路原生的世界呱呱墜地、孕育成長，並且伴隨著各式各樣的網路現象進入親子關係、邁入身心發展的階段。上面這些林林總總的未知、矛盾與疑惑的總和，成為我著作《過曝世代》這本書的理由與使命。

接下來第一章，我想先跟你聊聊，在孩子進入青春期階段，網路對心理發展帶來哪些影響？它如何牽引孩子的情緒與人際關係？在談及這個主題之前，我們需要先對青春期孩子的心理特性，有一些基本的了解，然後再把網路的因素加進來，這樣可以讓我們有更通盤而立體的理解。對於青少年心理不熟悉的讀者或是家長，請別擔心，我會用最簡明易懂的方式讓你在最短的時間，掌握到青春期這個階段的心理特性。

第 1 章

解碼過曝世代

「網路原生、界線失序、餘裕失去」構成了過曝世代主要的心理主軸，這些元素每天都發生在孩子身上，無時無刻給了內心原本就很糾結的青春期物種，產生微妙而重要的情緒和人際關係影響。

青春期的矛盾本質

「我很棒」、「我就爛」不停糾結

本章一開始，我想先用最簡單的方式介紹青春期孩子的心理，因為這些理解是我們進入過曝世代心理核心的基礎，也是貫穿本書架構的主軸。我盡量不用複雜的理論、不用繁複的文字，只用一張能呈現核心概念的圖來說明，事情就會清晰許多。

青春期孩子心理狀態的核心就是一個詞：「衝突」，而衝突如果用最簡單的形式來表達，就會如同左圖所呈現的關係：

這張圖把青春期孩子內心「衝突」的本質，做了清楚的定位，就是來自於「自我期待」與「自卑心態」之間的對立與擺盪。所以，這是一段非常不穩定、動態、且隨時變化的過程，沒有哪一方占有絕對的優勢，它們彼此對立。任何一方就算暫時主導了戰況，隨時都會被另一方攻克，因此對峙隨時都在發生。

孩子內心的這種衝突，隨時都會展現在你面前。

不過，你可能會疑惑：「自我期待」和「自卑心態」各是什麼意思？有關「自我期待」和「自卑心態」的定義，大致就是字面上的意思，我們將在後文分別進一步說明。

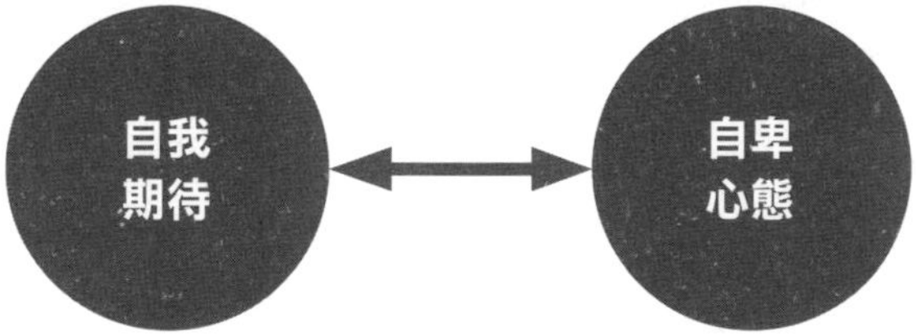

自我期待：我對自己的期待

「自我期待」指的是，一個人對自己有什麼期待、希望自己能有什麼樣的表現、希望自己能達成什麼目標、希望自己是一個什麼樣的人？是對自己總體價值的期望。這種期望是由內在產生的心理能量，會督促一個人產出許多自發的行動。這種力量是一種永續的狀態，會從一個人的內在源源不絕的生成。大多時候，這種想要滿足自我期待的意圖所帶來的力量，比外在物質的獎勵或懲罰都還要有效。

舉個例子，當一個人的自我期待是「我希望自己是個好人」、「我值得被喜歡」、「我希望我有能力做到」、「做不到也不會因此被討厭」的時候，一旦他遇到超出經驗或能力所能夠應付的挑戰時，就算沒有實質的獎勵，他的內心也會有想要試試看的念頭，因為面對挑戰所得到的結果，本身就是一種自我期待的滿足，這種類似成就感的感受，會生成更多的內在能源。

每一個孩子天生都具備想要滿足「自我期待」的動機，希望自己是值得被喜歡的、希望自己是有能力的、希望自己是好的。這種內在對自己的期待，會成為他主要的內在動力來源。「自我期待」和「自我價值」不完全一樣，「自我期待」是我希望自己是有價值的，我努力往有價值的路上邁進，是一個未完成的狀態；而「自我價值」則是指我目前已經擁有的價值感。至於這種期待如何在生活中落實成為良好的自我價值，有興趣的讀者可以參考我的另一本書《心理韌性》，當中有非常詳盡又生活化的說明。

你可能會好奇，有沒有孩子會對自己沒有期待呀？

關於這個問題，我自己在臨床工作這麼多年下來，幾乎沒有碰過。我遇到的每一個孩子，最大的問題不是沒有自我期待，而是「無法實現」自我期待，也就是孩子不管怎麼做，在他的生活中幾乎都沒有辦法滿足自我期待。長期下來，這種現實與期待之間的落差，將會衍生出各式各樣的情緒問題，同時伴隨令人困擾又擔心的行為。

自卑心態：我對自己的懷疑

說完了「自我期待」，我們來聊聊「自卑心態」。青春期的孩子對自己有深切又滿心的期待，但這個階段的孩子，對自己的理解有限，一方面希望自己表現不凡、要很獨特又很厲害，但同時生活中又欠缺能夠支撐這些期待的真實經驗，畢竟人生才剛開始，歷練過的經驗太少，簡單來說就是成功經驗不多、挫折不少、視野很小。

因此他只能從很有限的表現、別人的回饋，不然就是和同儕的相互比較當中，試圖找到自己值得被肯定的能耐或表現，但這些經驗往往片段且沒說服力。所以青春期的孩子，很容易陷入對自我的懷疑當中，而這種懷疑會累積成一種整體式的自卑氛圍。

當你過度在意自己是否優秀時，就會很難忍受自己不好的一面。他們的自我意識不但強烈且脆弱，又愛不斷在心中和別人來回比較，試圖在其中找到一些些自己優秀的證據。但這種自我說服的效果往往是短暫的，因此**青春期的孩子相當容易不自覺就看到自己的缺點，又擺脫不掉，於是懷疑自己，感到自卑，然後自卑又會讓他變得異常敏感。**

你可能會覺得疑惑：「不是呀，我覺得青春期的孩子根本就是天不怕、地不怕，尤其是越危險的事情，越沒在怕。」這種說法很常聽見，然而這跟自卑心態其實並不衝突。「自卑」通常指的是一個人在面對別人對自己的評價時，出現低估自己的傾向，認為自己在別人的評價中是負面的、低落的；而「天不怕、地不怕」只是因為他太年輕，視野有限、格局太小、血氣方剛、不計後果又太莽撞，也就是「太衝動」了。

自我期待與自卑心態的糾結

既然孩子心中這兩個狀態都這麼強烈，誰也不讓誰，不停鬥爭對峙的結果，就是你會看到孩子整個青春期都處在不穩定的狀態，這也是我們一開始所說「矛盾」背後的主要原因。現在，讀者們應該可以理解，我們說的「矛盾」就是：孩子心裡一方面追求理想的自我表現，但內心底層的自卑卻讓他擔心自己承擔不起這樣的期待跟結果，於是不斷在矛盾扭捏之間循環。

當一個人的自我期待長期被否定、被打壓或是被貶抑之後，失落感與挫敗感會讓他的心理更加擺向另外一側：「自卑心態」，而形成失衡的狀態。

一旦這種失衡穩固之後，他就會處在極容易自我否定的心理慣性中。但是，他並不是從此失去了「自我期待」，而是處在一種失衡卻已固化的「自卑心態」，這會讓他陷入非常大的糾結當中。這種失衡的極端發展，會常常在關係中以各種令人費解又惱人的行為出現。

舉例來說，一個心理處於長期失衡（偏向自卑心態）的大人，總是質疑自己，卻又渴求能在職場或關係中有所表現（滿足自我期待），這樣的失衡狀態會怎麼影響他呢？很可能在自卑心態的作用下，他會逃避每一件需要真正付出能力去承擔跟負責的業務，但同時不斷花精力在維持人際關係，試圖去迎合或討好身邊對他可能有利的人，因為這樣既可以片面的滿足他低落的自我期待（我的能力其實不錯，因為我能夠把人際關係經營得很好），同時也能稍稍抵禦內心對自己的懷疑（我也是有人喜歡的、不用擔心出事的時候沒有人罩我）。

但是由於他的自我期待實在太過脆弱，自卑心態又太過固著，因此就算他暫時在職場中得到了一種平衡，沒多久很可能又會被別人傑出的表現刺激到，感受自己會被別人比下去的威脅，擔心其他人可能因此看破他的手腳等。於是在自卑心態所衍生的自我懷疑作祟下，他又再度陷入另外一場人際或業務的爭鬥與較勁中。

從這個簡化的例子可以看到，「自我期待」與「自卑心態」之間的拉扯所呈現出來的矛盾跟衝突，大概是怎麼樣的面貌（讀者請注意，這個舉例是非常簡易的版本，在現實當中，人的心理活動更加複雜）。偏偏「自我期待」與「自卑心態」在青少年身心發展的過程中，是處在極不穩定的動態階段，彼此相互牽制、反覆對峙，因此更難捉摸。

回到現實生活中，我們就可以比較理解孩子平常一些彆扭又矛盾的現象，背後大多是這個本質的體現，看看以下的例子是不是有似曾相識的感覺：

例子A：當你讚美他，他會回你「最好是啦」、「哪有」

例子B：心裡總是不知道在彆扭什麼

例子C：動不動就把「我就爛」掛在嘴邊

例子D：常常前一刻還說好，下一刻馬上就反悔

例子E：當你試著同理他，他就會否認，甚至生氣

如果這些例子曾經讓你很困擾，其實透過前面那張圖，就可以有很清晰的解讀：

例子A：當你讚美他，他會回你「最好是啦」、「哪有」

孩子受到別人的讚美時，心裡都是喜孜孜、甜蜜蜜的心神蕩漾，因為讚美滿足了孩子內心對自我的期待，但同時在他內心的底層，那種無以名之的自卑心態又會讓他不禁懷疑這種讚美的真實性，也質疑自己是否真的如別人所想的那麼好。這種「很想要但又覺得自己沒資格」的心情，就會表達出一種半接受、但不是全然接納的矛盾。

例子B：心裡總是不知道在彆扭什麼

在「自我期待」跟「自卑心態」之間矛盾，想要但是不直接說要，不想要也不會直接拒絕，所以搞得別人不知道你「要還是不要」，很煩。其實大多時候，孩子也不是很清楚自己的狀態。

例子C：動不動就把「我就爛」掛在嘴邊

聽到孩子動不動就把這句話掛在嘴邊，應該很多家長都會忍不住翻白眼，但各位請先別激動，聽我一言。事實上，我自己以前在學校剛開始聽孩子們這樣說的時候，心中也會有一種反感的直覺，想說：「你怎麼可以這麼輕易的就放棄自己？」「你現在才幾歲，就用這種擺爛的心態面對人生？」「要也是我這歷經人世風霜的大叔才有資格說吧？」

但事後慢慢回想，我發現動不動就說「我就爛」，更像是自卑心態的一種詼諧表達方式。因為孩子用「我就爛」來避免更多對自我期待的可能威脅，也就是說，先刻意用這句話把自己放在一個相對低位，這樣就不用被別人決定我的位置。在這個過程中，至少我對自己是有主控權的，而不是被別人決定的。

例子D：常常前一刻還說好，下一刻馬上就反悔

這應該是很常見的現象，孩子在很多事情上都會有類似的反應。他可能要求你幫他報名某個活動或是比賽，結果報名費都繳了，到了活動前一天或甚至前一刻，他老兄才跟你說他不想去，然後搬出一大堆理由推遲。

我觀察不少孩子在活動或比賽的態度反覆，背後也有這種期待跟自卑的糾結與拉扯，一方面很希望自己可以得到名次，另一方面又很害怕自己要是搞砸了，人生就毀了。於是矛盾猶豫再三之後，選擇用各種理由逃避面對。

例子E：當你試著同理他，他就會否認，甚至生氣

接收到自己內在被承接的感覺雖然是舒服的，但某種程度上，被別人看到自己負面的狀態，也會引發一種被看成很懦弱的感覺，於是直覺否認。

現在我們對於「自我期待」、「自卑心態」的概念，以及它們彼此的關係、運作的方式等都有了初步的理解，也看到它們在孩子內心如何展現。這樣的理解有助於大家更加清楚本書之後的鋪陳。但我們仍然要再次強調，這個結構和說明是依據大量的發展心理學理論，加上我們（米露谷團隊）實務上的臨床經驗累積，融會貫通所產生相對比較便捷的整合式觀點，請讀者千萬不要誤會透過本文的概念圖，就能夠解釋所有青少年的心理現象。

接下來，我們即將進入本章的重點之一：當內心原本在青春期就已

經很糾結的青少年，開始遇到複雜而變化莫測的人際關係時，網路在其中扮演什麼樣的角色？如何影響著彼此？首先，我們一起來看看網路如何影響孩子的心理狀態，這對孩子的情緒與人際關係，將起到微妙而重要的作用。

需要立刻被按讚、關注的過曝世代

我小學的時候，暑假最大的樂趣之一，就是去錄影帶出租店租港劇回家看，那時候一部金庸武俠小說拍成的港劇，如《天龍八部》等，動輒都是四、五十集起跳，一集看完至少要一個小時，我們常常看完了港劇，轉頭就去看小說，看完小說再回來看港劇，來來回回樂此不疲。

為了能夠知道劇中主角的動向和人物間彼此的糾葛與結局，我們必須要耐心的一集一集追著劇情跑，要是真的等不及，索性就把整套港劇租回家熬夜看。但是再怎麼趕進度，仍舊要按部就班的咀嚼跟消化。

而在網路全面進入生活的今天，只要搭配一個社群平台或一個

APP，在手機螢幕上輕輕一滑，就能在十分鐘內看完一部電影、五分鐘內讀完一本書、三十秒內聽完副歌再決定要不要回頭聽整首歌。在YouTube上，十分鐘就能快速得到一個領域的新知，我現在聽Podcast已經習慣用一．五～一．八倍速聽完，速度快到我都會有一種主持人說話就是這麼快的錯覺，直到在現實中親自遇到本人時，我還會忍不住心中驚訝：「哇，原來他說話這麼慢……」

在這種快步調的習慣下，以至於我現在對於要花時間慢慢看完一部影集或是戲劇，越來越容易沉不住氣，常常不小心就在過程中分心出神，然後不自覺想幫演員刪掉我自以為多餘的戲份：「你是要死了沒有？」「還在講什麼廢話，你倒是快開槍呀你！」「你們是要抱到什麼時候，不能直接親下去嗎？」這些不耐，明顯到我都忽略了演員們精湛的演技、神情以及肢體動作。

我發現自己越來越難容忍閱讀或影音中「不有趣」的部分，或者是說「無聊」、「不吸引人」的橋段。以前這些都只是劇情的一部分，很自然就過去了，但現在我彷彿像看著便當中那些零散的配菜，不斷把難吃的菜色挑掉，再狼吞虎嚥的吞下主菜。

不知道從什麼時候開始，我們生活中舉目所見，一切傳向感官的刺激、訊息的速度越來越快，快到我都覺得這種急促的頻率才是生活中的常態。這樣的覺察不禁讓我思考，在高倍速環境長大的孩子們，他們心裡面是如何意識或知覺這個世界？

網路使人們失去耐心

其中一個讓我想要了解的面向是：網路是否改變了我們對於「等待」的反應？

我在網路上找了一些有趣的調查資料，試著解析這些資訊。關於不耐煩這件事，美國《彭博商業周刊》（Bloomberg Businessweek）曾經報導，在實體店面，人們可以等待的時間差不多是九十秒，而在網路上我們能夠心平氣和等待的時間只有八秒左右；另外，來自美國內布拉斯加大學（University of Nebraska）的研究則指出，從消費者的立場來說，如果打開某個特定購物網站的時間超過兩秒鐘，消費者寧可選擇放棄。等待八秒與兩秒相較於等候九十秒，分別是一比十一、一比四十五的差距。我無意過度解讀這些數字的意義，但我們似乎可以看到一個現象，**在以網路為媒介的線上世界，相較於實體世界，我們願意等待的時間的確是比較少。**

當然你可能會質疑，我們之所以在網路上不夠有耐心，是因為現實生活中的活動，不管是買東西、運動或是散步，都有社交的元素在內，所以我們可以等待的時間當然比較長，但是網路購物的過程把這些社交元素都抽離了，所以我們在純粹的網購行為中，才不會耐心等待，這個說法很有道理。另一方面，我也會疑惑：當我們已經習慣生活在寬頻網路與各種應用程式所帶來的便利時，會不會無形中也壓縮了我們在感知時間上的刻度與容量呢？

「心理的暫存區」消失

此外，網路所帶來的另一個心理影響，就是「心理暫存區」容量的縮減。過去我們在現實中的互動，是發生在特定的空間與時間裡，所有的交會本身都有明確的疆界，在離開那個特定的空間與時間之後，互動就戛然而止，留待下次你們見面時才繼續。任何關係中的急切、盼望、疑惑都必須先放在一旁，不是留給自己消化，就是下次待續。在沒有網路的時代，我們都會有一個「心理的暫存區」，那邊負責處理所有關係中未竟的種種。

然而現在，當你用LINE向對方丟出問題時，你會期待盡快得到回覆嗎？當你在社群平台上傳一張照片時，你會希望當下就有人按讚嗎？當你發了一篇抱怨伴侶的心情貼文後，你會期望有人回應嗎？**如果我們渴望自己能被關注，網路顯然讓這種想望更加即時而迅速，也讓等候更加難以忍受。**但是，當這種渴望不如預期，或是對方回應不及，焦灼無處安置時，無形中也讓我們更容易動了情緒。

限動下的碎片化訊息

另一個更值得探討的社群現象，則是時下青少年在社群平台上最愛使用的一項功能：「限時動態」（會在貼文的二十四小時後自動下架）。「限時動態」的初始功能，是將個人的一張照片，或是不到一分鐘的短影片丟上網，然後在二十四小時內供平台上符合權限的朋友閱覽。大多數年輕人在其中分享生活化的一面，比如美食、景點，或是日常心情的宣洩。由於這些動態只有二十四小時的上架時間，因此錯過了就讀不到了。

對於許多在意關係的青少年來說，透過限動來理解、掌握朋友狀態是常見的管道。但限動的時效性、資訊的有限性，某種程度上也碎片化了一個人的樣貌。如果我們想要多了解朋友的狀態，限動的時效性無形中增加了我們維護關係的成本，因為你動不動就要點一下對方的限動，看看他今天說了什麼、做了什麼、心情怎麼樣，或是跟誰在一起。限動的時效性讓你很容易一個不注意就失去對方的重要資訊，因此不得不一直關注對方。

在這個求關注、被關注、要關注的過程中，我們的注意力也慢慢黏著在碎片化的訊息中。而**這些社群平台或限動將個人樣貌碎片化的性質，也讓我們在面對人際關係時，心理處在一種隨時變動的不穩定狀態。**想想看，當你不知道好友昨天限動罵的人是誰，或是從其他朋友口中得知你錯過了好友限動中的大消息等，這些都令我們處在訊息不足的慌張中，進而憂慮關係的品質。

於是，我們要來面對一個關係中很重要的心理層面：安全感。

對關係缺乏安全感的過曝世代

我們很早以前就發現，人們對於無法親眼看見或是觸摸到的東西，很難完全信任或放心，且在看不到的地方，我們會自動用自己主觀的想像，去建構出另一端的世界。像是人際關係這種同時牽涉到非常精密又大量線索的互動，在網路的世界裡，便常常會因為線索有限，而引發關係中的議題，比如「已讀不回」這件事情。

「已讀不回」總是讓等待的一方不滿，隨著已讀的時間越長，這種不滿最後會成為憤怒和敵意。之所以如此，是因為我們每個人內心是否平穩，除了自己的因素以外，更多時候是受到旁人的影響，我們猜想別人怎麼看我、怎麼評價我，會變成我對自己價值或自尊的一部分。最理想的狀態就是感受到「連結」，而連結是意識到自己被接納的心理感受。我們怎麼感受彼此有連結呢？那就是「回應」，對方對我們的狀態有所回應，不管是在我們的限時動態或照片上按讚或是笑臉、在貼文中回文或丟出貼圖，我們都會接收到回應，這種關係中的連結，喻示了自己被接納的可能。

而我們通常最苦惱的狀況恰恰與之相反，就是發現自己被別人拒絕、否定。拒絕或否定在關係中可能會以各種方式出現，最直接的拒絕方式就是對你視而不見、把你當空氣。「已讀不回」便是一種很直接的忽略，這給人一種「我沒把你放在心上」、「我不在乎你」的否定感受。透過「已讀不回」的例子，你會發現**人際關係中的拒絕，在網路上變成只要「不回應」，就能夠輕易製造出否定效果。**更別說只要一鍵就能輕易在社群中對關係進行「刪除」、「封鎖」的功能。不只在某種形式上定義了這個世代對關係的認知，也改變了關係的心理穩定感。在以下的例子裡，我們可以理解它們如何影響著孩子的心理狀態。

人際互動的界線

讀者們不妨回想自己小學或國中的時候（當然是網路還不普及的年代），你每天放學之後的行程可能是去補習班或才藝班，回到家之後洗澡、吃飯、寫功課、寫參考書評量，然後看電視、看漫畫、發呆，直到就寢。一天的生活差不多就是這樣單調又乏善可陳，之所以單調，是因為每一個行程之間是獨立的，它們在物理空間上彼此不相關。

恰好是這種物理上的疆界與獨立性，某種程度劃分出人際互動的界線，你和同學或朋友的互動隨著離開某個空間就暫時告一段落，那些發生在學校、補習班或才藝班的事情隨著你離開這些場域之後，就放在

「心理的暫存區」，有什麼事情以後再說。在這種界線當中，能夠保護我們有限的注意力，並且豐盈心理的餘裕，讓你在不同的空間，可以把心力放在眼前的事情，同時也能有心理的餘裕來消化各種情緒垃圾。那麼，這跟網路或安全感有什麼關係？

我們來假設一個情況：

在從前網路還不普及時，你和班上的小明為了雞毛蒜皮的小事起了衝突，你們口舌相向，互相口出惡言，鬧得相當不愉快，直到老師出面制止。但你們還是在氣頭上，所以就賭氣冷戰，把對方當空氣，這種尷尬又緊張的氛圍一直持續到放學，之後幾天在學校的氣氛也不怎麼樣。

在你們衝突的那幾天，每當放學，你和他就拎著書包各自往外走，你腦中一邊想著跟小明爭執的經過，一邊悶悶的走進補習班。正當你放下書包，一旁的小吳默默從抽屜裡拿出最新一集的連載漫畫《寶島少年》遞給你，你想到前一集的航海王劇情，於是就隨手翻了起來。

直到回家洗澡時，你多少還是會想到跟小明的不愉快，不過倒也沒有衝突當天那麼生氣。事實上，不知道從什麼時候開始，你原本的情緒早就已經煙消雲散，只剩下彼此賭氣的尷尬而已。「煩死了，不管了，他又能怎樣？難道他要到處打電話給同學說我壞話唷？北七。」你搔搔頭，然後捧著碗坐到電視機前面，邊吃晚餐，邊和家人看著晚間新聞。

在這個衝突事件裡的主角，儘管和同學有了衝突，但是隨著情境的轉換和變動，他的注意力重心也跟著轉移，沒多久，爭執所引發的不快就隨著注意力分散。而在注意力轉移的變動中，他不再一直反芻回憶這些衝突事件，也就有了更多的心理餘裕來慢慢消化不快的情緒。

網路讓人際界線模糊

但如果這些過去稀鬆平常的衝突發生在今天的孩子身上呢？當我們把網路的因素加進來之後，你會發現原本關係當中的物理界線隨著網路的滲透而變得模糊，如下圖所示：

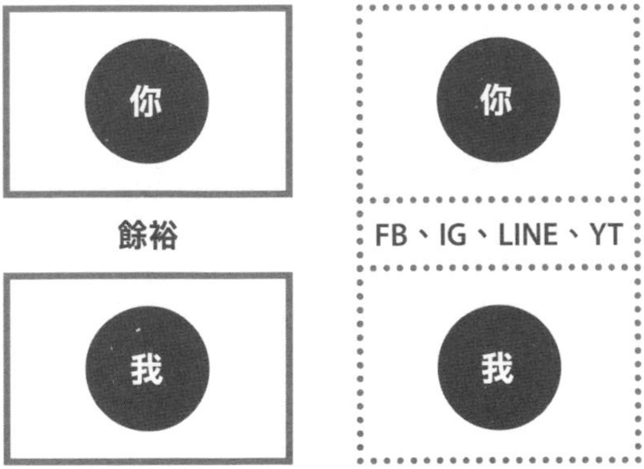

各式各樣的社群平台、通訊軟體、自媒體影音程式，隨著3C設備全面普及，人際的界線也逐漸模糊。現今孩子的人際關係早已從實體互動進入線上全時開放的世界，人跟人之間互動的綿密與滲透程度，比起過去更為廣泛而全面，這代表

我們正式邁入了**人際關係二十四小時全天營業**的階段。更多的互動在網路上進行、更多的注意力停留在網路上、更多的衝突在網路上悄然無聲的發生、更多的情緒在網路上蔓延、更多的敵意與操弄也在網路上恣意妄為。

若前面相同的例子發生在現在，發展可能如下：

老師制止了你和小明之間的口角衝突，但你們對彼此還是很不爽。那幾天在補習班，你隱約感覺小明的好朋友大高似乎也刻意不理你，這讓你心裡很不是滋味，總感覺小明應該有跟大高在網路上說些什麼。

果不其然，你私下問了好友牛牛，牛牛說那天你們在學校衝突完之後，小明當天晚上就在ＩＧ發限時動態，大高也跟著附和，感覺就像是在講你。牛牛還把當時小明ＩＧ上的限動截圖拿給你看。

接下來幾天，你不自覺會刻意去看小明的ＩＧ，想看看他有沒有在上面寫什麼跟這件事有關的東西。但令你詫異的是，你發現他不知道什麼時候把你封鎖了，現在你完全看不到他的限動，也不知道他有沒有在網路上故意說三道四，想到這裡你就超級不爽，但同時也有點焦慮。

某天牛牛跑來跟你說，小明私下又創了一個LINE社群，把你身邊幾個好朋友全部都加了進去，除了你之外。你問牛牛他們在裡面聊什麼？有沒有說你壞話？牛牛說沒有，只有小明會貼一些kuso或是搞笑的哏圖。聽牛牛這麼說，你並沒有因此鬆一口氣，反而有一種更加厭惡跟擔心的感覺，因為你覺得小明在孤立你，想在你背後搞事。

接下來幾天你有點心神不寧，動不動就會點開ＩＧ或是LINE的班群，看看有沒有什麼他弄你的蛛絲馬跡。你擔心朋友會受小明的影響，或是被小明拉攏而冷落你，一想到這點，你就會丟訊息給朋友，看看他們的態度有沒有什麼改變。

在這個你來我往、互相猜忌的過程中，你的注意力一直放在這些零碎而細瑣的事情上，同時擔心你們在現實中的衝突，會不會延伸成為網路世界另一個拉鋸戰，在你看不到的地方持續進行著。光想到這些就令人不安，你開始不斷胡思亂想，擔心身邊的好友會不會受到流言影響、擔心會不會有人在你背後說壞話、擔心對方會不會又出什麼奧步整你、擔心如果好友被他拉攏過去，那你還有哪些朋友可以靠？

儘管你人不在學校、不在補習班，此刻正在家裡吃著晚餐，但你的思緒仍舊停留在小明和相關的事情上，心理很難真正的安頓或平靜下來……

失去心理餘裕

在網路過曝時代，各種人際訊息在社群平台間，以碎片化的形式滲透生活中的各個面向，發生在我們可以想像但看不到的地方，這讓我們的心思隨之四散，於是我們的焦慮與擔心也無處安放，幾乎沒有消化與安置的心理空間。人跟人之間的衝突，變成一件相當不安全的事情。於是我們慢慢從中學到幾件事：要嘛盡量不跟別人衝突，要嘛就是盡量拉攏別人成為一國。

從上述這個例子的前後比較，我們可以看到不同世代的孩子，面對生活中的人際關係，有著相當不同的環境、型態以及帶來的影響。以上的舉例，其實也是我們（米露谷團隊）治療師在這幾年的實務工作中，不斷從青少年的生活裡所看到的日常，在關係中對於「安全感」的流失與隱憂。

過曝世代有最好的品味、處在最安全的時代，卻似乎也是更容易缺乏安全感的世代。透過我們團隊幾年下來的彙整與觀察，過曝世代在心理餘裕上的缺乏，對心理帶來許多影響，包含高倍速的步調壓縮了等候的餘裕、對自己是否被關注更加在意、在關係中容易不安與焦慮，同時也逐漸失去了培育深度專注的環境。儘管如此，孩子的身心仍然在發展，他有這個階段的心理任務需要處理好。當這些身心發展的任務遇到網路，然後又跟人際關係牽扯在一起時，就會讓問題變得更加複雜。

更多欲望與忌妒的過曝世代

我讀高中的時候，正是ＮＢＡ芝加哥公牛隊在傳奇球星麥可．喬丹（Michael Jordan）領軍下，邁向公牛王朝的黃金年代。儘管空閒的時候也會跟著朋友們追ＮＢＡ的季後賽況，但我對籃球始終沒什麼太大的興趣，之所以特別提這一段，只是想讓讀者知道，那是一個麥可．喬丹作為代表的年代，我們向他致敬。

當時除了ＮＢＡ公牛王朝是校園中備受矚目的大事，另一件足以引起同樣話題熱度的，當屬一九九六年，世界級流行樂天王麥可．傑克森（Michael Jackson）來台北中山足球場的巡迴演唱會。當時我的高中死黨不知道從哪裡弄來了兩張演唱會門票（完全合法的管道）。衝著演唱會門票超級貴，而且麥可超有名這兩個單純的原因，我們兩個平常沒什麼在追星，也沒見過什麼大場面的青澀高中生，終於迎來了人生第一次天王級演唱會搖滾區的熱血體驗。

我只記得當天萬頭攢動，現場黑壓壓的一片，搖滾區內人群摩肩接踵，空氣中瀰漫著一股難以言喻的興奮氣息，我們的呼吸和脈搏隨著現場穿透力十足的喇叭聲起伏著。直到震耳欲聾的節奏聲乍然停止，在眾人幾乎發狂的尖叫聲中，麥可從煙霧繚繞的舞台中央竄出，引發全場第一個高潮之後，那一晚我的吶喊和淚水就再也沒有停止過。直到聲嘶力竭，我們帶著滿滿的感動和無憾離開。從那一天起，在人口六十億的地球上，又多了一個麥可·傑克森的粉絲。

沒什麼舞蹈和歌唱細胞的我，開始在家裡關注著麥可的一切，並且狂熱的蒐集他的專輯、新聞以及活動資訊。我開始有意無意的模仿麥可，不管是衣著打扮，還是在家裡練習他的招牌動作月球漫步，甚至在廁所小解完也會順勢學他用手滑過胯下的經典動作，同時搭配一聲奔放的嘶吼：「啊唷！」

有次我在學校廁所這麼做的時候，恰巧一位李姓同學走進來看到這一幕。

「哇！是麥可・陳（Michael Chen）呢，啊唷！」

「不敢不敢，是麥可・李（Michael Lee）呢，啊唷！」

果然是同道中人。

當時我暗自期待，希望未來有一天，自己也能夠像麥可一樣，站上萬人的舞台，接受所有人的膜拜……喔不是，是能夠用自己的生命為無數人帶來深深的感動，就和那天我身處其中所感受到的召喚一樣，純粹而美好。

認同引發模仿

在那一次世紀演唱會之前，麥可・傑克森這幾個字對我來說，不過就只是一個遙遠而模糊的名字。麥可・傑克森的事件，讓我體會到一件事情：對於粉絲來說，偶像在我們的心中有一種無可取代、凡人勿近的聖人光環。這種近似偉大的形象本身，會讓我們有一種亟欲連結的渴望，當我越喜歡、越崇拜對方時，他越和我的內在自我融合成為一體。**這個過程從感官上的欣賞出發，經由認同，引發模仿，最終成為自我認同或自我價值的一部分。**這就是為什麼很多人都會說：「我的偶像永遠活在我的心裡。」

這整個過程有點像是佛洛伊德所說的：「認同是一個人在內心塑造自我的部分，讓這個自我能夠跟他所選擇當作楷模的人越接近越好，通常這種狀態是在不知不覺的情況下發生。」

我回想起國中時，正是港星郭富城大紅的年代，在他經典又帥氣的潑水機車廣告播出之後，我們班上只要稍微懂打扮的男生，幾乎都留著「中分頭」（我們學校的髮禁不嚴格），每到下課時間，廁所鏡子前總是擠著好幾個人，對著中分的髮型微調。我當時比較早熟，常常看著他們在鏡子前打理髮型，想著：「中分並不會讓你們比較像郭富城好嗎？真是膚淺……」「重點是他那魅力又迷人的笑容，知道嗎？就像我這樣……」我很滿意自己在鏡中的笑容，郭富城笑起來也就這個樣子。

人類對於偶像給出認同，透過模仿，成為內心自我的過程，是如此普世的現象。

欲望由模仿而生

我們再來看看另一個相關聯的現象。不知道你過去有沒有過這樣的經驗：你和男友（女友）去逛街，正好到了用餐時間，想就近找個有冷氣的餐廳吃飯，你們邊走邊討論想吃什麼，走過幾家餐廳，看起來都不錯，但就是遲遲下不了決定。於是你們繼續往前走，突然看到路邊有一家不怎麼起眼的小吃店，門口卻排了長長的人龍。你們忍不住看了看這家店究竟在賣什麼，招牌寫的就是常見的黑白切、滷肉飯，價格也沒有比較便宜，再順勢探頭看了看店內，發現幾乎座無虛席。你們彼此交換了個眼神，心中的念頭不約而同：「這家店好像很厲害呀！」

再看看排隊的人潮似乎沒有減少的跡象，還有人似乎也正朝著這家店走來，於是你們其中一個人開了口：「不然就這家如何？好像很好吃耶。」對方也說：「好呀！試試看，好像很有名耶。」最終你們便走進這間小吃店。

我再做個簡單的調查，請問你，以下哪一項商品是你曾在它風行與熱銷時購買或消費過的，請勾選（可複選）：

□葡式蛋塔（1998）
□清玉翡翠檸檬（2013）
□雷神巧克力（2014）
□義美厚奶茶（2017）
□韓國髒髒包（2017）
□中華電信「四九九上網吃到飽」（2018）

為了能夠廣泛照顧所有年齡層的讀者，我把九〇年代的葡式蛋塔也列了進來。讀者在勾選之後也請試著回想，以上哪項商品是基於你評估有實質必要的需求下，才決定購買的？

不管是小吃店的例子，或是商品調查的結果，你會發現一件有趣的事情，在這些案例當中，我們都是一窩蜂跟著其他人搶購消費，儘管我們根本沒有這個需求，但在某種事態的發展下，我們的欲望被引發了。

經歷過九〇年代的葡式蛋塔風潮，直到十年、二十年後的雷神巧克力、髒髒包、米露谷諮商等（最後一個沒有，只是我偷渡的廣告），消費者可能都是同一批人。不管在什麼時期，我們的欲望都可以輕易被挑逗、被誘發，進而形成一種整體跟風的社會現象。甚至近幾年，跟風的新聞不見趨緩，還有增加的現象。

你有想過為什麼如此？事實上，我個人比較傾向的理解是：**我們大多數的欲望，都是透過模仿而來，而不是內心真正的需求。**

過去我們可能會認為，一個人的欲望是由內而外的，因為我內心有某種渴望、需求，因此會出現相對應的行為。也就是說，「我是因為餓了，所以才會去買東西吃；我是因為喜歡 iPhone 的功能，所以才會買蘋果手機。」然而許多的經驗與現象似乎在告訴我們另一個可能，「不，你是因為看到別人在吃東西，所以你跟著想吃些什麼。」「你是因為身邊的人用 iPhone，所以你也想學對方換成蘋果手機。」這種欲望模仿更原始的形式，爸爸媽媽應該都曾經觀察到過：孩子原本不想吃的東西，當旁邊的孩子拿起來吃得津津有味時，這時原本抗拒的孩子竟然也跟著吃起來，甚至有些孩子明明碗裡有一模一樣的食物，但他偏偏就是要去搶別人碗裡同樣的食物。

簡單來說，你的欲望不是你的欲望，而是你透過模仿他人而得到的結果。

「你在說什麼鬼東西？什麼我的欲望不是我的欲望，不是我的難不成是你的？」

「對，有可能是我的。」

不然，我們繼續看下去。

我們剛剛稍微聊到了關於欲望大多時候是透過模仿而來，這並不是我自創的概念，而是來自一位當代非常偉大的法國思想家勒內・吉拉爾（René Girard）教授的論述「欲望模仿理論」（Mimetic Theory），讓我看待事物的觀點有非常大的啟發。

不過在本書中，我並沒有要多介紹這個理論，只要稍微掌握這個理論的核心就好。吉拉爾教授認為，人類行為動機是基於「模仿」，我們看到別人手裡有什麼，就會跟著也想要那個東西（就如同前面所提到的例子），因此吉拉爾教授提出，我們的欲望並不總是發自內心，有一部分的動機來自於我們會模仿別人的欲望。

比如你看到同事今天揹著當季的背包款式，於是你忍不住也想上網比價；你聽到朋友分享他上週末和家人去哪裡度假，你心裡也不禁盤算和家人一起去大概需要多少花費；同事將他出國買的餅乾放在桌上和大家分享，你看到別人去拿，明明自己沒有特別想吃，但也跟著去拿了一塊。人類的欲望在吉拉爾教授看來，是可以透過模仿而引發，而我們的經驗也的確能夠呼應這一點。

不過，如果今天我們的欲望經由模仿而共同想要同樣一個東西時，

「競爭」就產生了，最常見的例子就是同事之間業績的競賽、同儕之間名次的排序，大家都想要第一名，競爭與衝突就因此而產生。

看到這邊，你可能會提出抗議：「品皓，不是每個欲望都是透過模仿來的吧？」

「嗯，你對。」這會是我的回應。

人本來就是一個極為複雜而深邃幽暗的有機體，窮盡一生我們都不見得可以真正理解自己，我們只是試著擁有一個理解人類某個面向的途徑或觀點。如果你深深相信人類的欲望完全是源自內心、自然出現的，這也是一個理解自己的觀點，兩者並不存在絕對意義上的對或錯（我在《心理韌性》書中，也提出過另一個源自內心的欲望動機）。同時，我也可以理解作為一個社群生物而言，擁有自主與獨立的感受和意識是有意義的，因為這能避免我們只將自己看成整個生態中微渺的一部分。

欲望模仿的對象

回到欲望模仿本身，在吉拉爾教授的理論中提出兩種模仿對象，分別是明星模範（Celebristan Models）和同溫層模範（Freshmanistan Models）。明星模範指的是我們模仿的對象是生活中只能遠遠觀望的歌手、明星、偶像等（就像是我高中時對麥可・傑克森的狂熱一樣）；同溫層模範指的是我們模仿的對象是生活中就能接觸到的人，如家人、同事、同學、朋友等。有趣的是，當我們模仿的對象是後者時，我們只會偷偷來，很難在口頭上承認。你會大方分享你最近學韓國女團BLACKPINK（明星模範）的穿搭，但你應該不太會公開承認自己是因為跟風（同溫層模範）才去辦了健身房的會員卡。**對同溫層模範的模仿，常常也會帶來競爭、忌妒和衝突。**

現在我們知道「欲望模仿」大致的概念了，那這跟我們理解網路時代的青少年有什麼關係？讓我們先抓住幾個重點：

- 欲望透過模仿產生。
- 同溫層的模仿常常帶來競爭、忌妒與衝突的關係。
- 本文一開始提到的「認同」現象。

接著我們把「網路」的因素也放進來思考，就會開始有一些理解。

青少年的同溫層模仿

對任何世代的青少年來說，同溫層模仿是時時刻刻、分分秒秒在發生的事情。**青少年的同溫層模仿還有另一個更重要的意義：融入團體。**透過對同溫層模範的欲望模仿，青春期的孩子可以快速掌握到團體的主流氛圍、價值觀與喜好，進而被接納。通常在青春期階段的欲望，都是相對表淺而物質的，比如說想要最新的手機、最瞎趴的吊飾、玩最熱門的手遊等，因此你可以理解為什麼他們整天都在關注這些看似不重要、沒意義的事物上。

所謂瞎起鬨，就是一種欲望模仿，如果我們回顧一下先前提到的青少年內心矛盾本質（見二九頁圖），就可以理解這對青少年內心的自我期待與自卑心態之間的平衡是會有影響的，因為在模仿同溫層欲望的過程中，他們透過融入團體的文化，找到認同與接納，這種接納不僅能夠滿足孩子的自我期待，也稍稍減緩了自卑的心態。

不過，如果這種欲望模仿的對象從學校進入網路世界，那會是怎麼樣的局面呢？

想想這樣的經驗：你在捷運或公車上有一搭沒一搭的看著臉書，突然滑過交情不錯的前同事的貼文，你稍微瞥了一眼，他們週末參加小朋友的音樂發表會，照片中的孩子看起來知書達禮，全家人和樂融融的樣子；又或者是你大學時期頗要好的朋友上傳了一張和百萬進口名車的合照，一旁貼文寫著：「夢想達標！」

看著貼文與照片，你下意識的按了個讚，並加上留言：「恭喜！太值得了！」同時心中隱約掠過一些複雜的感覺，既是羨慕，又有些酸楚，還有一種隱微的不滿，「咳，他憑什麼……」儘管已經很多年沒見，沒什麼交集，平常頂多也就在臉書看看大家的近況，但這種時刻仍會有種莫名的不快。（咦，還是只有作者有這種反應？）

其實在這個瞬間，你會發現心裡這些矛盾的感受，多少有些失落和忌妒的成分，之所以忌妒，是因為你隔著網路與對方產生了某種競爭關係，競爭是因為你透過照片吸收了對方所展現的欲望（不管是全家和樂融融的幸福形象，還是百萬名車的尊榮），同時也內化（模仿）了他的欲望。

當孩子在ＩＧ、臉書、抖音（中國的一種影音軟體）、小紅書（中國的一種社交平台）上瀏覽同學、同學的同學、同學的同學的同學、隨便加入的社群朋友等所分享的各種生活照片、美食、聚會、娛樂時，網路正將這些同溫層中更多、更大量的欲望，毫無節制的投射給螢幕前的他們。

於是在這個過程中，孩子逐漸沉迷在他人的欲望當中，他們上癮的不只是手機或網路，也包含網路將同溫層（甚至明星層）無限延伸之後所帶來的欲望洪流。

孩子在欲望中失去了自我的邊際，他和其他人競逐這些表淺而不具備生產性的欲望（吃吃喝喝、娛樂消費、美妝時尚等），卻無法從這些娛樂或經濟活動中，找到自己真正獨特的意義或價值。**這種汲汲於競逐，但實質懸空的狀態，會進一步加劇孩子原本的內在衝突（自我期待與自卑心態）。**

團體與自我的拉扯

另一方面，青少年既想要透過模仿融入團體主流的欲望當中，又想保有自己的獨立性，避免被團體完全吞噬，這種拉扯之間，許多不安的情緒在當中起伏、發酵與沉澱，形成一種心理底層的躁動。

網路帶來無限的欲望競逐，卻始終無法在自我期待中得到實質的支撐，卡在團體與自我間的拉扯與矛盾下的徬徨，共同譜成了這個世代青少年靈魂中，騷動而不安的基調。

然後，所有以上我們討論的這些，在學校的生活與人際關係中，以一種肉眼看不見的形式，猝不及防的在每個人心中悄悄蔓延開來。

自我評價易低落的過曝世代

前一節我們聊到在網路和欲望無限串聯之下，有關認同、自我價值與空虛感之間的關係。這一節我們先來談談另一個網路帶來更常見而普及的現象：網路對我們「注意力」的改變，以及對過曝世代的影響。

這個大概不用多說，大家應該都感觸很深，電腦上的每一個視窗、手機上的每一個APP，基本上都讓我們的注意力隨時處在懸浮的狀態，一下子從A視窗切換到B視窗，一下子從手機的社群平台移轉到影音軟體。這些注意力懸浮的現象，講好聽一點是一心多用，講專業一些其實就是無法專心，我們正在逐漸失去深度專注的能力。

失去深度專注的能力，會怎麼樣呢？

我們必須認真的承認，這個世界運作的模式，把我們的注意力弄得支離破碎，網路上過多的訊息淹蓋了你原本應該真正專注的重點，我們不斷把注意力分散在毫不相干的事情上，然後耗損了我們用來完成任務所需要的心理資源（注意力、思考、記憶、念頭、情緒等）。你不斷在每個視窗之間游移、在每個APP之間轉換、在每一段短影片之間流連，就算你心裡清楚這些在耗費你的時間，但你就是很難催促自己起身離開。

如果你有過上述類似的經驗，你就會知道孩子們也正在這樣的處境當中。

超過一半以上的人，在使用網路的時候，同一時間也在做著其他事情，像是聽音樂、聽Podcast、回覆訊息等。就像我現在一邊在螢幕前敲打著鍵盤，一個字一個字寫下本書的草稿，一邊聽著老鷹樂團的〈加州旅館〉（Hotel California），偶爾切換到社群平台上看看阿貓阿狗的照片（真的是貓貓跟狗狗），不時還瞄向螢幕旁的通訊軟體，看看有沒有人丟給我類似「恭喜你！中頭獎一千萬，你這輩子不用再寫書啦！」之類的訊息。

注意力碎片化

處在這樣的工作狀況中，我的思緒其實不斷被各種背景雜訊打斷，很難進入專注的工作心境。這就好比你在高速公路開車，要從高雄開去台北，但遇到每一個交流道都開下去，繞一大圈之後再接回國道，整個過程你就這樣上上下下、反反覆覆，開到最後都分不清楚到底上國道是為了要下交流道，還是要去哪裡。結果台北還沒到，你已經疲乏到決定暫時先休息，等明天再北上。

這就是失去深度專注的結果：你人在車上、上了國道、開了半天，卻一直到不了目的地。

對於過曝世代孩子，我甚至覺得一旦失去了深度專注的能力，將會影響他未來在各方面表現的細緻品質。偏偏細緻與專注是所有專業能力的核心關鍵之一，因此我預估在十到二十年後的未來世界，說不定會有所謂的「注意力菁英」族群，決定這群菁英階層的不只是他們的身家、外貌或是其他可見的條件，還有注意力品質的水準。**相對於「注意力菁英」，則是「注意力碎片化貧戶」，他們在深度、統整與主動化思考的能力將會被前者拋開。**這兩者在注意力品質的差異，很可能是未來社會階級再分配的隱性資源。

說回注意力分派本身，在網路多工的時代，注意力的分派不只如同前面所說，在對外層面出現了問題，對內也出現了失衡的現象。

注意力的回力鏢現象

每次我滑臉書或ＩＧ，總免不了會看到幾篇令人欽羨的動態，不是出國旅遊，就是美食大餐，然後我很快意識到自己的現況，不但還卡在一堆行程當中，晚餐因為飲食控制，只能吃水煮蛋跟生菜沙拉。每瀏覽一次臉書或ＩＧ，在下意識的按讚或回應中，我就再一次意識到自己相對於對方，是怎麼樣的存在。

所以每次我看到健身教練分享食譜時，就會忍不住對自己的體態感到不滿；每次我看到暢銷書作家發文為新書十刷感謝讀者支持時，就又想到自己的作品掉出排行榜外好一段時間。在這個過程中，有種很奇怪的感覺：**明明是在觀察別人，怎麼最後好像都是在審視自己**；這種注意力的回力鏢現象，相當奇特。

在臨床上有關社交焦慮的心理學研究中，注意力一直是很關鍵的角色，因為很多研究指出，注意力對焦慮有很大的影響力。我們發現社交焦慮傾向的人普遍有一個特色，每當他把注意力放在自己身上時（self-focused attention），他的焦慮就會變得更加嚴重。

為什麼會這樣呢？（以下我盡量用大家比較熟悉的方式來解釋，但礙於功力有限，若有說不清楚的地方，還請大家見諒）

負面自我心像

過去許多調查發現，高社交焦慮的人一旦把注意力放在自己身上的時候（也就是當他開始觀察自己時），他會在內心形成一個自我心像（self-image），這個經驗應該大家都有，讀者現在可以想像一下，當你現在想到自己時，你腦海中應該會有一個關於你的心像。

比較特別的是，高社交焦慮者的自我心像，通常是一種從別人看向自己的角度（第三人稱的角度）。就像照鏡子時，看著鏡中的自己，高社交焦慮者腦袋中的自己，常常是從別人看他的角度所呈現的樣子。許多臨床心理學的研究發現，當高社交焦慮者心中出現自我心像時，這些心像往往是負面的，可能是緊張到臉很紅、表現很笨拙、言行很可笑、體態不美觀、形象很低落等樣子。

當高社交焦慮者想到這些負面的自我心像時，他就會相信別人也是這麼看他的；**「負面的自我心像」加上「相信別人是這麼看他」，焦慮就會變得更加嚴重。**

有些研究則發現，當高社交焦慮者把注意力放在外部，而不是一直在想別人怎麼看自己時，就會降低這種負面自我心像的生成。

了解了自我注意力與心像之間的關係後，接著我要問的是，這跟網路或是青少年又有什麼關係？

回想一下我前面提到的例子，當我們在臉書或ＩＧ瀏覽朋友的近況時，同時也在審視自己，就像是注意力的回力鏢。但多數人只會把自己最好的一面上傳分享，讓我們以為那就是他真實的生活面貌，結果就會造成我們偏頗的意識自己和對方的落差（通常是看到自己不足的部分），這種落差是一種不盡客觀的負面自我印象。我們持續在社群中瀏覽，就會不斷在落差中把對自己不滿的部分來回放大。

我們在社群中來來回回的窺探、反射到自己身上的循環當中，對自己似乎越來越不滿意。這種不滿意的自己，最後形成一種負面的自我心像，每當我想到別人怎麼看我時，心中就浮現這個形象。久了，就越來越難喜歡自己。

對一部分的青少年來說，**這種在社群平台隱性的競逐、比較、模仿與落差的來回中，可能不知不覺形成了對自己的失望、懷疑與否定，並且以負面自我心像的形式潛藏在腦海中，加重了自卑心態的負荷。**

你以為你是躲在網路後窺探別人，但事實上幾乎每一次窺視他人的眼光，最終還是瞄回自己。他人的狀態，決定了我的好壞；他人越好，越讓我覺得自己不好。

因此，你會發現過曝世代孩子在注意力分派上遇到的挑戰真不少：首先，深度專注的能力似乎正在流失當中；再者，孩子對社群的沉迷除了帶來欲望模仿外，也不斷在關注他人之中放大了對自己的不滿，這種偏誤而負面的自我心像，某種程度也成了孩子自我形象的一環。

過曝世代的情緒風暴怎麼形成？

我們在前面的文章分享了青少年內心的矛盾，以及他們成長於網路時代的心理狀態，而這些會如何相互影響，交織成孩子的心理呢？我們在這一節想要以一個整合的觀點，透過孩子在人際關係中的事件以及心理的狀態，來讓大家理解。如果你沒有時間或是想要直接知道答案的話，我可以直接和你說本書的結論：

在未來五到十年，我們預測青少年比起過去，出現情緒困擾與議題的機率更高。

展現在行為上包括：拒（懼）學、自我傷害、關係退縮、社交焦慮、網路沉迷、自我放棄等，這些困擾會以不同的方式影響孩子的環境適應，以及未來的職涯發展。

這是基於我們團隊臨床實務上多年的服務經驗、大量觀察，所得出對於過曝世代心理樣貌的整合（也就是本書的內容）。對於想直接看結論的讀者來說，以上大概是我們的整體觀點。不過如果你好奇為什麼會這樣？如何將本章前面所介紹的觀點整合？我們將在接下來的內容中說清楚，並且在之後的章節試著提出值得參考的建議。

在舉例說明之前，我們就以「小婕」作為故事的主角，試著以小婕的生活為例，說明網路與青少年心理之間的互動關係，以及問題如何與網路交織在一起，在網路與各種心理狀態的相互影響下，逐漸發展成為青少年的身心壓力。

案例中的小婕雖然只是虛構的人物，卻是我們多年下來，所聽聞、直接或間接合作過每一位孩子部分的縮影。而我們所說的每一個狀態，都在前面的文章裡有詳盡的解釋，在閱讀過程中，讀者隨時可以翻閱前面的文章參考。

小婕從小學高年級開始，和大部分班上的同學一樣，擁有一支自己的手機，那是爸爸給她的「退役」手機。小婕還記得剛拿到人生第一支手機時的心情，無比的興奮和雀躍，笑容不自覺都掛在臉上。

和多數人一樣，小婕很快就忘情於網路世界，時間常常不知不覺就在和社群朋友聊天打屁、看短影片中過去了。小婕對網路越來越依賴，每天放學回家就是立刻上網，許多事情都要爸爸媽媽催促到最後、不耐煩動了氣，才會心不甘情不願的敷衍回應。

在滑短影片時，小婕常常看到許多和自己年紀差不多的孩子，在片中展現各種才藝舞姿、搞笑片段，或是分享美食、和朋友間有趣的互動。這些人的追蹤數多到破表，高人氣讓小婕心生羨慕。她的內心希望自己也能因為什麼事情受到眾人關注，但同時也意識到自己和她們的差距實在太遠，不論是外在的條件，還是內在的優勢都比不上。

漸漸的，小婕發現自己好像越來越容易因為網路問題和爸媽爭執，這讓小婕覺得爸媽很煩。她心想，自己只是想趕快把事情做完後上網，又不是不做，加上學校學的東西未來又用不到，學那麼多，最後還不是還給老師。

升上國中後，青少年的人際關係是他們生活中的大事，也是他們最花費心思的地方。小婕和幾個女同學平時滿要好的，下課常常會一起行動，尤其是要去找老師或是去廁所時，一定都會結伴行動，「一個人去廁所是很怪的一件事情吧？」小婕這樣想。

好姐妹之間常常想到什麼事情就在訊息中聊，聊最近追蹤的明星，或是相約玩線上遊戲，也會私下聊班上的八卦。對她們來說，有小團體是很重要的，因為一個人獨處沒朋友的形象，在大家眼中，看起來跟被判死刑沒兩樣。

班上有幾個比較邊緣的同學，他們下課時不是趴下來睡覺，就是滑手機或是做著各式各樣的事情，小婕心裡知道，他們之所以如此，只是想讓自己「看起來」很忙的樣子，這樣就不會被認為很孤單。每次班上要分組的時候，邊緣人永遠都是被決定的一群，小婕都不知道他們怎麼能夠忍受這種尷尬又令人恐懼的時刻。

每一個人多多少少都很在意和小團體成員之間的關係，儘管表面上相處得不錯，但心中免不了會有一種隱微的擔心：害怕自己一個不小心就被團體排擠，所以下課時，大家都會社交一下，維繫關係的熱度。小婕也不是沒想過這個問題，所以她經常會去同學的ＩＧ逛逛，追個限動，順便按讚、留言，看看大家的貼文，那種心情有點類似「巡田水」的感覺。

小婕和Ａ比較聊得來，私下比較常在網路上互動。有一次，小婕和

A因為對報告的形式意見不同，起了一些小爭執，但表面上還維持平和的互動。小婕雖然也生對方的氣，不過為了關係的和諧，還是在IG傳了訊息向A道歉，但A讀了訊息之後，不知道為什麼都沒回應，這讓小婕有點焦慮，這是以前沒有過的。這一晚小婕有點坐立難安，三不五時就會拿起手機看看A有沒有回訊。

隔天到了學校，小婕發現A沒理她，還在她面前和別人大聲笑鬧，一副很開心的樣子。小婕心裡很不是滋味，想到昨晚A看到自己的訊息卻沒回應，現在更不敢拉下臉來和A破冰，深怕對方又把自己當空氣。看到A若無其事的和大家談笑自若，小婕心中五味雜陳，在意到很難專心上課。

接下來幾天，小婕心情變得有點沮喪，心思都放在和A的冷戰，以及被排擠的憂慮中。晚上看到A在社群裡和大家有說有笑，小婕不僅慌張，也越來越擔心A會把她們之間共同的朋友都拉走。

和A的冷戰越久，小婕越感到焦慮，越難不去注意A在網路上的蛛絲馬跡，連帶影響到她的作息和睡眠。直到原本常膩在一起的好姐妹也漸漸有意無意的疏遠，小婕終於受不了了，她去問平常比較親近的B，但對方態度也很含糊，只叫小婕不要想太多，大家都是誤會一場。B說的話讓小婕更加沒有頭緒和失望，她覺得她的人生要被A和這些人毀了，她為她們付出那麼多，到頭來自己卻什麼都沒有，她分不清楚自己是在意對方還是生氣自己，但這段失敗的關係讓她覺得自己是很糟糕的一個人。

媽媽似乎也發現小婕有點不對勁，雖然想知道發生了什麼事情，但對小婕來說，一切都不知道該從什麼地方說起，有太多事情發生在網路上、在和A的關係之間、在和朋友之間，每一件事情似乎都很重要，卻沒有一個頭緒。於是小婕只說了和同學處不好，但細節不知道該怎麼說。媽媽試著多問一些，也很難問出具體的結論，還以為只是同學之間鬥鬥嘴或是鬧脾氣的小事。

慢慢的，小婕開始害怕看到這些人。她不知道要怎麼面對彼此變質的關係，也不知道要怎麼度過在學校的每一天。一想到這些，她就一陣反胃和噁心，全身不自覺的緊繃和焦慮，心裡卻是極度疲憊，對什麼事情都失去興趣，彷彿掉進一種交錯的時空裡，和自己分離了。某一天開始，小婕陷入很低沉的鬱悶，晚上失眠、白天沒有精神，也失去了胃口，想到要去學校就感到頭暈、腹痛，直到一學期請了八十幾節病假後，家人覺得不能再這樣下去了，於是小婕由家醫科轉診到身心科，接受心理諮商與醫療處置。

故事到此先告一個段落。這篇故事中的主角小婕，完全是我們虛構的人物，如果有任何雷同，純屬巧合。但像小婕這樣的經歷或遭遇，在近年來的臨床服務中，比例有逐年升高的趨勢，當中有幾個常見又普遍的主題，像是自我價值低落、在意人際關係、情緒調適困難、注意力的過度分派、網路重度使用、拒絕學校相關事務等。

孩子的心理變化歷程

如果大家稍微回想一下前面幾篇文章，我們應該很能夠整體的了解小婕發生了什麼事。為了方便閱讀，我將過曝世代孩子的心理歷程與網路相互影響的關係，在下一頁用清楚的圖示做說明：

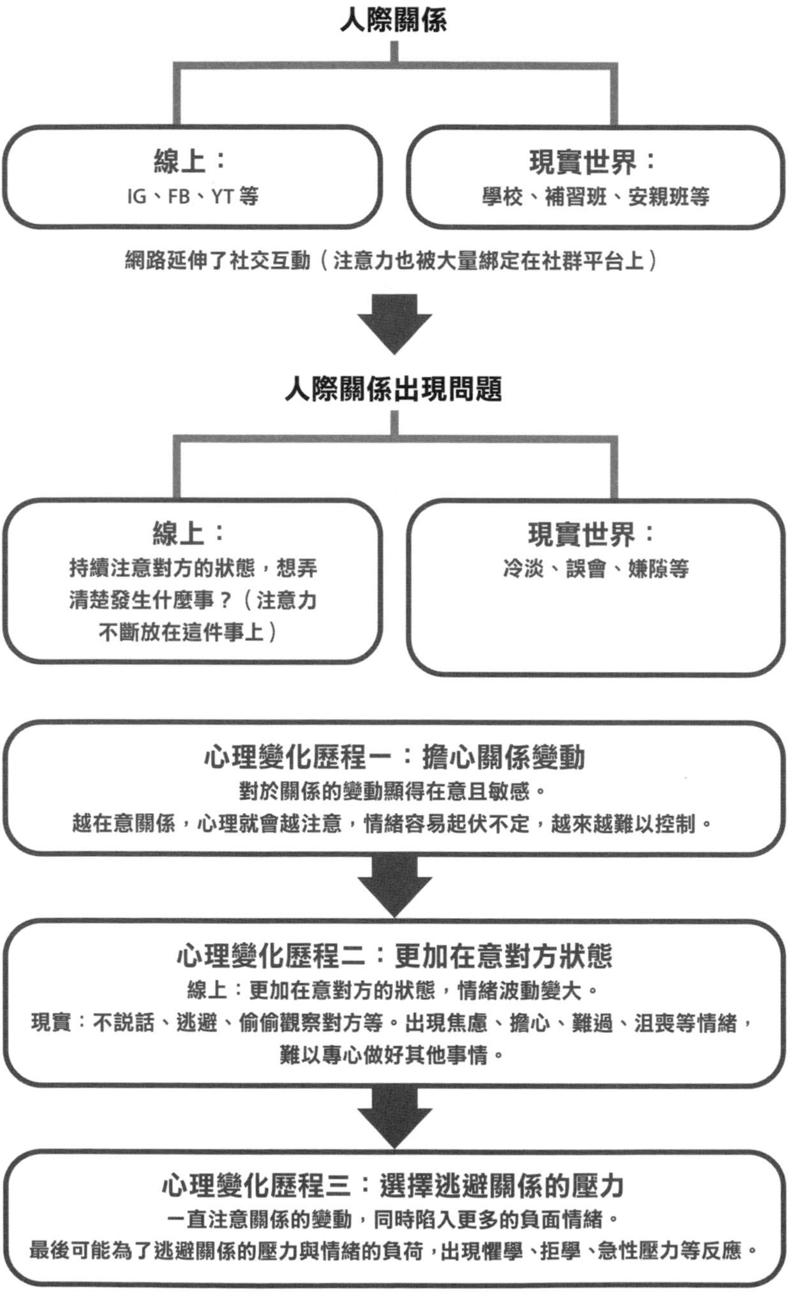
人際關係
線上：
IG、FB、YT 等
現實世界：
學校、補習班、安親班等
網路延伸了社交互動（注意力也被大量綁定在社群平台上）
人際關係出現問題
線上：
持續注意對方的狀態，想弄清楚發生什麼事？（注意力不斷放在這件事上）
現實世界：
冷淡、誤會、嫌隙等
心理變化歷程一：擔心關係變動
對於關係的變動顯得在意且敏感。
越在意關係，心理就會越注意，情緒容易起伏不定，越來越難以控制。
心理變化歷程二：更加在意對方狀態
線上：更加在意對方的狀態，情緒波動變大。
現實：不說話、逃避、偷偷觀察對方等。出現焦慮、擔心、難過、沮喪等情緒，難以專心做好其他事情。
心理變化歷程三：選擇逃避關係的壓力
一直注意關係的變動，同時陷入更多的負面情緒。
最後可能為了逃避關係的壓力與情緒的負荷，出現懼學、拒學、急性壓力等反應。

歷程一：擔心關係變動

孩子在青春期的階段，本來就非常在意人際關係，並希望在跟同儕的互動中得到認同與接納。能夠得到接納或認同的孩子，對他內心的矛盾與衝突（自我期待與自卑心態）會起到平衡的作用。而如同前文所說，人際關係不僅發生在現實生活中，也會在網路上的社群平台、手遊、通訊軟體中延伸互動，一旦孩子的人際關係出現爭執或變故，會加劇內心的衝突與擔心。

為了盡速恢復人際關係，孩子會試著找出可能變化的原因、評估和盤點自己的人際資源，看看是否能夠支持他面對人際關係中的威脅（落入邊陲的危險），同時也會不斷檢查是否出現其他新的威脅（被孤立、對方背地中傷等）。在這個過程中，孩子透過各種管道與資訊來維護自己的資源、確認威脅，因此會大量關注網路上和彼此相關的訊息。此時，關係的變動常常成為孩子心中的擔心或隱憂。

為了維護關係，避免變成邊緣人、被人認為沒朋友，「討好」常常會是孩子們擅長的手段。不過這邊所說的討好，是比較廣義的定義：任何以維護關係為前提，不論關係的品質好壞，可接受某種程度違背自己的意願，使自己落入暫時不對等的關係，都是廣義的「討好」，比如願意幫忙對方跑腿、付出勞力、開自己的玩笑、附和別人等。

孩子原本現實生活中人際關係的來回，一旦和網路扯上邊之後，它所帶來的影響無疑又被放大，這會壓縮了孩子的餘裕，讓他更加缺乏心理資源。一旦陷入人際關係的變化，他很難從網路世界獲得解脫，焦慮跟好奇心會迫使他不斷投注更多注意力在跟朋友的人際問題上，但又苦於沒有答案。長時間累積下來，孩子對於關係的擁有，或維持一段穩定的關係是沒有信心的。

也就是說，孩子原本透過和朋友的互動，認識不同的人和價值觀，也知道自己交友的地雷和喜好，然而，**當交朋友只是因為怕被認為是邊緣**

人，將會花更多時間在維持關係，而不是在關係中理解自己跟別人。

歷程二：更加在意對方狀態

當孩子陷入人際困擾後，他會在這上面的循環當中不斷關注對方，以及自己的處境，他的注意力幾乎全部困在這些事情當中，無法跳脫出來。大家可以想想看，當你一整天都掛心著一件事情時，你很難有心力把其他事情好好完成，加上注意力有一種加乘的效果，你越去想讓你焦慮的事情，就會越焦慮；當你變得更焦慮後，就更會去想讓自己焦慮的事情，形成一種惡性循環。

通常我們遇到煩心的事情，會試著去做別的事情，把惱人的事情先擺在一邊，等到狀況比較好或心情比較平復時再來面對，但當這些惱人的事情和生活完全緊密貼合在一起的時候（透過網路），就很難從中脫離出來。

簡單來說，當孩子整個腦海都困在人際關係的情緒中，他也會想要轉移注意力，但他最熟悉的方式就是上網，而網路又會不斷推播相關的訊息給孩子（如留言訊息提示、社群平台的未讀訊息提醒、朋友的貼文通知等），只要手指一滑，孩子便再度進入原本想要逃開的問題。網路以各種直接或間接的方式播送人際衝突的事實，放大衝突的後果，持續情緒的困擾。

一旦孩子的注意力陷入這個人際關係的循環，他所有的心理資源都會耗費在這裡。他幾乎不會有心理餘裕來安頓這些困擾他的事情，因此就會一直被這些情緒耗損。就算他想要讓自己好過一些，試著滑手機看短影片或是聽音樂，但隨著同學對話提示一顯現，馬上又會分心。當一個人的注意力長期被這些人際困擾綑綁，心理會越來越沒有能力調適，最終為了不要再這麼痛苦，往往就會選擇逃避。

加上注意力的回力鏢現象，許多孩子一旦和朋友關係生變，也會回過頭來認為自己很不好、不值得，所以對方才不想和自己互動。這種對自己充滿負面看法和評價的自我懷疑，在關係不穩時會更加明顯，也帶來更多的負面情緒。

歷程三：選擇逃避關係的壓力

當孩子在這樣的循環當中一段時間後，他開始會出現各種情緒上的問題。別忘了，這個階段的孩子內心原本就已經有夠多衝突跟矛盾了（自我期待與自卑心態），當人際關係與網路的影響再加進來之後，情緒波動就更大了。通常孩子會先試著處理：和同學訴苦、壓抑自己不去想（但每天都在班上或學校看到對方）、上網轉移注意力（然後不斷被相關的訊息提醒）。

對孩子來說，現實生活中的問題仍然在網路上蔓延擴散。**網路讓安全感瓦解**，他開始懷疑其他朋友的態度也受到對方影響，但由於沒有證據，於是不斷猜疑，而這又更會破壞信任。當某個時刻再也承受不住這些壓力之後，孩子可能會開始逃避任何有關的人事物，寄情於網路上的交友、拒（懼）學等。

碎片化時代讓問題更難掌握

透過上述例子的說明，我們對過曝世代在網路與人際關係中的糾結有了一些理解。我們要強調的是，不是每一個人都會受到網路這麼大的影響，也不是每個人都會拒學或出現明顯的身心症狀。這個說明的用意，在幫助我們理解青少年以及他在現實、網路世界中所經歷的各種隱性挑戰和影響。由於這些事情同時在現實與網路中發生，**這種不同時空的碎片化特性，讓孩子往往很難說得清楚，使得我們更難掌握事情的全貌。**

現在的孩子比起以前，似乎並沒有比較好過，事實上還承受著很多我們過去無法理解的壓力，而這些壓力是值得被好好認識與理解的。這也是我們團隊預測，在未來五到十年，青少年出現情緒困擾與議題的機率將會不斷攀升，這應該是舉世皆然的現象。

關於過曝世代的心理、人際關係的困擾與迷惘、網路帶來的困惑與影響等問題，我們該怎麼面對與陪伴孩子呢？在之後的章節，我試著將近年來我們團隊的實務經驗彙整出一些可供依循與思考的方向，希望能提供父母們參考。

第 2 章

給過曝世代的心理疫苗

過曝世代從小的成長經驗就是被集體關注的過程，他們還沒長出對自己的正向認同前，就已經生活在一個充滿評價與關注的世界。我們該如何幫助孩子避免評價帶來的影響，讓內心寧靜與從容呢？

青春期的錯誤理解

別人是這樣看我的

我們在想像中比在現實中更經常受苦。

——盧修斯．安納烏斯．塞內卡（Lucius Annaeus Seneca）

前一章，我們理解了在孩子身心發展的過程中，他的心理需求和網路共伴影響之下，如何逐漸演變為生活、親子關係與人際關係的心理壓力，這是過曝世代普遍共有的挑戰與生活經驗，也是本書最主要的目的，透過對過曝世代的心理描繪，理解和貼近我們的孩子，和他可能所經歷的生活樣貌。這份貼近的嘗試，是親子關係中不可或缺的元素。如果我們想進一步在陪伴孩子成長的過程中，針對過曝世代所面臨的挑戰下做些什麼，或許可以先聚焦在孩子這個階段最在意的人際關係開始，並且仔細分析裡面讓孩子感到壓力的元素，有一個更細微的層次：「別人的看法（眼光）」。

不少讀者應該會發現，青春期的孩子滿在意「別人的看法（眼光）」，很多行為說穿了，都是因為在意別人怎麼看的結果。像是在意衣著打扮、上傳的照片好不好看、出門要打扮得漂漂亮亮、在意輸贏、很怕被別人認為是邊緣人、很怕自己做錯事情出糗、很容易受朋友起鬨做蠢事，或是因為和朋友相處出狀況而心情大受影響等。這些看在我們過來人的眼裡，也明白大都是太在意別人眼光所致。

很多家長會跟孩子說：「你不要在意別人怎麼看就好了。」但你會發現孩子根本做不到，因為我們對於「別人的看法（眼光）」，存在著一種誤解，好像對這種看法的「在意」像水龍頭一樣，說關上就可以關上。事實上，當我們理解這種「別人的看法（眼光）」的本質之後，就會知道問題比我們想像得更複雜。

偏頗的自我評價

這種過度在意別人的看法，其實說穿了，背後多半是「**以別人之名，實則是自己對自己的看法**」。簡單來說，沒有人會真正知道別人到底是怎麼看你的，加上青少年對自己的了解有限，因此他們以為別人對自己的看法，事實上很多時候是自己想像出來的，想像的基礎則來自對自己有限的認識。

他們想像出來對自己的看法，常常是用別人的角度來呈現，製造出一種「別人是這樣看我」的錯覺。「別人的看法（眼光）」成為許多兒童青少年困擾的主因，我們姑且叫這樣的看法為「代位觀點」。

這種「代位觀點」（以別人之名，實則是自己對自己的看法），有沒有可能破除或是解決呢？首先，我們要先知道「代位觀點」裡面的兩個成分：分別是「在意別人的看法（眼光）」以及「偏頗的自我評價」，這兩者彼此交錯影響，但我們往往把它們看成是同一回事。為了能夠從中得到有意義的建議，我們需要先對讀者釐清和說明。

在意別人的看法是天性

身為一個社群生物，人類需要團體的接納才有辦法存活下去，因為人無法離開團體獨自而活。要能與社群和睦相處，勢必要在乎別人的感受，尤其是別人對我的感受和看法，這樣我才能基於這種理解，調整自己的表現，讓團體能夠接納，我也才能生存下去。因此這種「在意別人的看法（眼光）」是我們的天性，幾乎可以說是大腦自帶的原始設定，不用提醒，就會自然開啟。

在網路時代，我們更難脫離與社群的關係。你的手機裡通常會有孩子班上的家長社群、公司部門與同事的社群、親友家族的社群，甚至還有公司的團購社群。網路讓你和社群的關係更加公開而直接，不斷提醒你和社群的關係有多麼緊密，你有多需要這些社群的存在，來幫你在一片未知中得到生存的資訊。

所以「在意別人」幾乎可說是我們的天性。青春期孩子對這種在意幾乎是完全啟動，加上他們有個很有趣的現象：「自我中心」，也就是**很容易想像自己是舞台的中心，受到所有人的注目**。當「自我中心」和「對他人眼光在意的天性」加在一起，就形成了高度在意別人的看法。

網路加大「在意」

同時，網路也不斷加大這個「在意」。

「我臉書這篇發文要怎麼寫，才會讓別人覺得我對人是很用心的呢？」

「我po這張照片，從這個角度看起來應該有點瘦又有型吧？」

你上傳到臉書、IG的每一張照片、每一則限時動態、每一篇貼文，都代表別人可能正在另一個螢幕前仔細端詳著你，品味著你所呈現的形象。同時，臉書或IG上的貼文是長時效的，就算你放下手機了，你心中仍然會不自覺掛記著別人閱讀時的反應。更別說你在上傳之前，就已經預想別人會怎麼看你，最理想的狀況就是大家的反應都順著你想呈現的形象走。這整個預想的過程，其實都是不斷暴露在「對別人眼光在意」的想法中發生。

既然在意別人的看法（眼光）是我們的天性，而網路又加大了這個在意，那麼，當我們對孩子說：「不要去管別人怎麼看你」、「不要在意別人對你的看法」諸如此類的建議時，其實還滿違反天性的。這就很像是在告訴他：

「大家笑得很開心的時候你要冷靜呀！不要跟著笑。」（違反社會順從的天性）

「聽到有人在說你的壞話時，千萬不要注意聽。」（違反對自我興趣的天性）

「看到蟑螂或蜘蛛爬過你的枕頭時，要記得開心的笑呀！」（？？？）

事實上，連我們大人應該都很難做到這一點。甚至當我們如果需要用很認真的態度告訴自己：「我不要再去在意他們了」、「我要好好為自己重新開始」、「我要為自己好好生活」，類似這樣宣示的背後，其實也是因為我們太過在意，放不下這份在意，而必須透過一些精神喊話來切割出心理上的界線。儘管這通常不會有什麼幫助。

如果在意別人的看法（眼光）是正常的，那造成問題的原因到底是什麼？

我們對自己理解有限

雖然我們都會在意別人的看法（眼光），但更多時候礙事的，是後續的心理反應。

想想看這樣的場景：早上出門前，你一邊在梳妝台前穿衣服，心中一邊想著：「今天這樣搭配應該還可以吧？不算浮誇又能顯瘦……」你試著猜想別人可能會怎麼看你的選擇。然後你對上衣要選黑白條紋的，還是純色的有點猶豫，好不容易下定了決心選了黑白條紋的那件，這時你家另一半突然走進來看著你手上的黑白條紋衫，不經意的說了一句：「今天穿這樣唷？」

你突然又開始猶豫了，於是反問：「穿這樣是不是不太搭？是不是看起來太胖？」對方很敷衍的回了一句：「不會啦！想太多。」你沒多說什麼，仔細再比對了一下兩件上衣，沒一會兒你下意識的將黑白條紋衫放下，改穿上純色的那件。

再想想看另一個場景，你今天和同事或主管討論一些業務上的規劃評估，對方突然問起你對另一件事情的看法，希望聽聽看你的意見。這並不是你熟悉的範圍，也沒什麼概念，不過你還是很自然的分享了一些想法，只是過程中腦袋有點卡住。聊完後，你坐在辦公桌前，開始回想剛剛自己說的意見和想法，「我剛剛那樣說應該合理吧？應該有點內容吧？對方會覺得我沒什麼料嗎？我提出的看法應該還算有點深度吧？」不斷猜想自己有沒有給對方留下好印象，不管是在專業的部分或是在表達的部分。

擔心自己不被喜歡

這應該是大家日常中都有過的經驗。這些反應背後，便是我們對別人評價的在意。因為在意自己給別人的形象，所以想知道別人怎麼評價我，這種在意，成為我們身處社會之中的心理緊箍咒，行為常常深受「別人對我的看法」所牽制。**之所以把別人的評價看得這麼重要，一方面是因為我們對自己充滿興趣，卻又理解有限；另一方面則是因為我們內心的力量撐不起對自己由衷的相信。**

雖然我們在意別人對我們的評價，但有一個更核心的問題：在現實中，我們根本不可能真正知道別人心裡怎麼評價我們。你又不會讀心術，也不是對方肚子裡的蛔蟲。因此，別人對我們的看法或評價，絕大部分都是我們自己想像出來的結果。

「他早上跟我打招呼的時候，眼神怪怪的，是不是聽到什麼我的風聲？」（事實上可能是他精神不好、早上被老闆罵，或是他根本急著要去廁所拉肚子）

「每次跟他講話，他都急著要離開，是不是我讓他覺得很不耐煩？」（事實上可能是因為他喜歡你，所以看到你讓他小鹿亂撞，緊張得要死）

「他剛跟我講話口氣超差的，他是不是打從心裡看不起我？」（事實上可能是因為他本來就是個混蛋，是個天生的混蛋）

「他現在一邊聽我報告，又一邊在台下滑手機，他一定覺得我很無聊。」（事實上以我的經驗，通常是真的很無聊……不過無聊的是內容，不是你）

這些就是我們在本文一開始跟大家說的：「以別人之名，實則是自己對自己的看法」。

說到底，這些代位觀點的背後，都是我們自己對自己的評價，核心則是「擔心自己不被喜歡」。理解了這一點，就會知道青春期的過曝世代孩子特別辛苦，因為**他們還沒長出對自己的正向認同（理解與欣賞），就已經生活在一個充滿評價與關注的世界**。你想想看，過曝世代從小的成長經驗就是全世界一起參與關注的過程：家人拍照、上傳社群平台、大家按讚回饋（評價），每一次分享都是一個被集體關注的過程。「在社群分享自己」、「在分享中意識到被關注的自己」，已是過曝世代的生活日常，形成過曝世代成長中共同的心理軌跡。

而在知道這些之後，我們能怎麼辦呢？

心理疫苗 1

斷捨離社群訊息

我們愛自己勝過愛別人，但對他人意見的在乎卻遠勝對自己意見的重視。

——馬可．奧理略（Marcus Aurelius）

想像一個場景，如果今天有一個你很討厭的人突然跟你說，他要來你家親自拜訪你，面對平常這麼令你厭惡的人，我想你心中直覺的反應該會是：「才不要咧！你滾！」面對你討厭的人，你都不會想讓他進入你家或是你的房間了，那面對你不喜歡的評價時，你應該也不要讓它進入你的腦子才是。既然我們無法不在意評價，那最簡單的應對方法，就是不讓它進入我們的腦海；最直接的做法，就是在注意力的層次就直接阻絕它，盡量減少會引發我們接觸到這些評價的機會，包括：

一、管制上網時間

我之前睡覺前，每一次都想著：「我來看個幾分鐘的短影片，打發一下時間好了。」結果我發現所謂的幾分鐘，每次都不知不覺變成好幾十分鐘的時間。網路就是有這種吃掉時間的能耐，不僅巧妙的繞開我們的意識，也將我們的注意力框限在自動滑出的連續影片與照片當中。知道了這一點，我們應對的最簡單方式，就是透過管制網路（甚至是手機）的使用時間，讓孩子在有限度的時間內使用。當網路時間有總額限制時，應該怎麼使用、怎麼分配就是孩子自己要計畫的事情。當網路使用時間固定的情況下，其他多出來的時間，孩子自己要想辦法安排，可以發呆、看漫畫、看小說都好，但絕對不是任憑他漫無目的的揮霍在網路世界裡。這是最簡單也最難堅持的原則。

當我們不斷在社群平台上看著同儕互動，若有似無的嘲諷、肆無忌憚的嗆人、欲言又止的影射時，真的很難不按捺自己的好奇心去思考對方在說誰，也很難不去擔心自己會不會哪一天也成為被針對的那個人。而這樣的擔心或顧慮，會隨著每一次登入社群平台後，不斷被大量的訊息下意識的制約。

因此，透過管制網路總體使用時間，讓孩子在其中自己決定怎麼使用網路，同時又保有網路外的選擇，是一個直接的方法。

二、創造心流體驗

手機或是任何網路行動裝置，不斷在爭取我們生活中零碎時間的注意力，不管是等公車、搭捷運、上廁所、在便利商店等結帳或是吃飯時，我們所有零碎的注意力都已經被手機螢幕牢牢占滿。對孩子來說，一天當中扣除掉上學、去補習班或安親班、吃飯、洗澡、睡覺的時間，幾乎已沒有什麼完整的時間，可以真正自發或自主投入在其中。**一旦生活中缺乏完整而獨立的時間，心力便處在耗損的狀態中，進而減少心理餘裕的空間，失去對情緒的消化能力。**

因此，給出一個完整的空間與時間，甚至培養一個能夠引發心流（flow）的興趣，會是協助孩子滋養內心餘裕的方式。

所謂的心流，是一位研究創造力的心理學家米哈里．奇克森特米哈伊（Mihaly Csikszentmihalyi）所提出來的概念。他認為心流是一種心理上的體驗和狀態，當一個人進入心流狀態時，他會全神投入一件事，並且產生渾然忘我的經驗，這樣的經驗會為他帶來高度的愉悅感，也有機會產出創造力的成果，甚至長遠來說，有可能提升一個人的自我價值。這大概是我們目前對於心流的認識。

能夠創造心流體驗的事大概包含幾個元素：明確的目標、具體的回饋，而且任務的難度不能超過孩子的能力太多，這樣孩子既不會因為太簡單而感到無聊，也不會因為太難而感到挫折。這種充滿樂趣的深度參與經驗，就有機會產生心流。

生活中有很多事情都可以符合這樣的心流產生條件，像是和家人朋友一起玩桌遊、下棋、打撲克牌、籃球鬥牛等。一個人可以進行的心流活動像是閱讀漫畫或小說、拼一千片的拼圖、玩投籃機、手作活動如縫紉、拼積木、整理房間、清洗便當盒等。若有興趣了解更多相關訊息，可直接搜尋關鍵字：「心流」。

三、練習「專注」

注意力是非常重要的認知能力，也是一連串複雜的大腦功能運作下的結果，並且與大腦的成熟度有關。許多過曝世代孩子已經逐漸失去養成深度專注力的環境，**當孩子在生活中缺乏練習專注的經驗，就會進一步影響學習、情緒調控、思考與深度自我覺察的品質。**在如此的循環下，不難想像未來將會有越來越多孩子，因為喪失深度專注力而出現生活適應與情緒調節困難。

坊間有關提升專注力的建議與書籍很多，然而這牽涉到很多複雜的心理能力，而且大部分都是針對成人所寫的，很少有針對青少年所進行的專注力探討。在這邊我們只提出一個原則，以及簡單的方法。

養成深度專注的原則，就是能夠擁有一個完整不被干擾的時間與空間，讓注意力嘗試放在一個目標上。一個很簡單的活動，就是請孩子閉上眼睛，在心裡計時一分鐘（六十秒），當他默數完六十秒，睜開眼睛，和現實中真正的時間進行比對，看看他的精準度（誤差）有幾秒。

在這個簡易的活動當中，孩子閉上眼睛，腦袋只專注在計時上。整個過程裡，他的心是專注的，並且隔離了外在的刺激。而默數本身也是一種能讓內心緩和與平靜的過程。同時，透過心理時間跟現實時間的比對，產生具備挑戰感的樂趣。這是一個很簡單的小活動，能在生活中逐步練習專注的能力。

如果孩子跟你說：「我本來就可以一心多用！所以我的注意力沒問題。」你該怎麼辦呢？我們不否認在這浩瀚的世界，的確有些人能把心思同時放在兩件不同的事情上，並且完美執行。就像我們不會否認世界上就是有人能夠感應，甚至看到異次元的世界或靈體一樣，但我們都知道這畢竟不是大多數人會有的能耐。事實上，回到注意力的心理學觀點，一次能夠完全專注在兩件以上的事情，並不太符合注意力的本質。

因此當孩子跟你說：「我可以一心多用，我能一邊看影片，一邊複習數學。」你或許可以回他：「不錯唷（敷衍），我也可以一邊吃飯，一邊呼吸唷，而且還完全沒被發現我在呼吸；就跟你邊看片邊讀書一樣，你應該也完全沒發現你有在複習吧？」（哎呀！我好像不是一個很溫暖的心理師）

心理疫苗 2

增加面對評價的免疫力

除了透過注意力隔離外在的訊息，幫助孩子建立心理餘裕的空間，來因應評價的影響之外，更進一步來說，孩子面對評價時的心態更是重要。因為當他們具備了一定韌性的心理素養之後，在未來的人生中，如果遇到類似的挑戰時，比較能夠在這些慌亂與焦灼當中，幫自己內心找到一個安適的位置，在其中孵化出餘裕的空間。

對青春期或年幼的孩子來說，我們說再多道理，他也聽不進去，你叫他不要在意別人、不要管別人怎麼想，這連正常人都做不到。因此，如何讓他能夠在心中建立一個精簡又核心的信念，便是我們可以思考的方向。這就很像在他心中注入一劑心理韌性的預防針，雖然孩子在面對評價時仍然會被感染，但因為具備一定的心理免疫能力，而能比較快好起來。所以從心理預防針的角度來說，越簡易又精闢的摘要式重點，比較能夠吸收內化。

以下是可以幫助孩子建立韌性的心理預防針，也是你可以引導孩子理解的方向。

一、別人的評價，無關你的本質

「別人怎麼看你，跟你是什麼樣的人，是兩回事。」

嘴巴長在別人身上，別人嘴巴裡吐出來的批評或評價，只是這個浩瀚宇宙裡，微不足道的一則訊息，既不能代表你這個人，也不可能影響你的本質。

二、事實上，大家只在意自己

「你在意人家怎麼看你，別人也是，所以大家的注意力幾乎都放在自己身上。」

如果你真的做過調查，你會發現其實每個人心中最在意的都是自己，所以儘管別人跟你在說話、跟你一起逛街、一起吃飯，但他們心中想的都是：「我看起來怎麼樣？」「別人現在怎麼看我？」「我現在表現如何？」諸如此類和自己有關的事，就跟你現在在做的事情一樣。因此，我們可以得出一個很明確的結論：不管你認為別人怎麼看你，事實上他們只在乎自己，幾乎不會放多少心思在你身上，自然也不會真正在意你說了什麼話、穿了什麼衣服，或是做了什麼不得體的事情。

許多心理學的研究發現，我們總是會過度高估別人對自己的在意程度。每當你因為別人的眼光而感到惶惶不安時，其他人基本上也是處在這樣的狀態。

你或許可以讓孩子做個（類似的）實驗，請他問班上的幾個朋友，關於半年前，發生在孩子身上，他自己覺得很糗的事，看看有多少人還記得細節、經過。他就會發現，其實大家都只記得自己的事。

三、刻意練習面對尷尬

「當你不尷尬時，尷尬的就是別人。」

對於許多人來說，人際互動中的尷尬是一個相當令人難以忍受的時刻，而我們發現對不少青春期的孩子來說，「尷尬時刻」往往會讓他對別人的看法過度關注，尤其當這個「尷尬時刻」是孩子引發的時候，他會更加覺得自己在大家面前無地自容，甚至引起更負面的自我評價。

面對尷尬的最好方法，並不是逃開，而是在生活中刻意製造尷尬。

因為當你刻意製造尷尬時，會讓你有一種感覺：「這是我刻意製造的結果，不是因為我的無能或疏忽造成的意外。」這種感受也會讓你對於局面有一種「我可以hold住」的控制感。

讀者看到這邊可能會想：「這些不就是心靈雞湯嗎？」的確，從某種角度來說，這就是俗稱的心靈雞湯，而且還是富含高純度營養的雞湯，對於心理抵抗力還在發育中的孩子來說剛剛好，對飽經世界摧殘、看盡世道冷暖的大人來說，太營養的雞湯反而顯得刻意而多餘。但孩子該喝雞湯時別猶豫，營養的雞湯適量喝，也有助於心理茁壯。

上面這些方法，不論是從注意力歷程，還是從心智抵抗力的角度，都有機會協助孩子避免評價所帶來的直接或間接影響，並且找回心理的平靜。從更長遠的角度來說，我們內心真正的寧靜與從容，仍然來自於「自我認同」的影響，這也是我們下一節想和你分享的部分。

心理疫苗 3

形塑自我認同

前面和大家分享了關於面對評價時，我們從注意力歷程、心理預防針的角度來應對的方法跟建議，這些都是我們在生活中可以應用的策略。然而回到更核心的觀點來說，最終你會發現能夠和別人評價抗衡的心理力量，仍然是來自於你對自己的看法，這也是心理學家所稱的：「自我認同（ego identity）」。

自我認同這個詞彙聽起來好像滿容易懂，但是若要具體說出它到底是什麼意思，好像又感覺不是很有把握。因為自我認同是一個心理學的特定概念，不同學派之間的專家定義也略有不同，為了讓讀者能具體掌握自我認同的概念，我在前一本書《心理韌性》中，有介紹過「自我價值」與「自我效能感」兩個概念。自我價值是一個人對自我看重的程度，也就是覺得自己是不是重要或有價值的人；自我效能感則是一個人相信自己有完成挑戰、解決事情的能力。書中也提出了在教養上能夠落實的方法和建議，如果有興趣的讀者可以自行參考。

不管是自我價值，或是自我效能感，這些心理面向最後都會在一個人身上逐步整合成一個終極的狀態，並且影響一個人的身心平衡，那個終極的狀態就是：自我認同。「自我認同」也是青少年在歷經內心衝突（自我期待與自卑心態）的階段後，最終朝向的目標。

自我認同是什麼？

「品皓，你前面說了半天，從這個跳到那個、從那個拉回到這個，一下自我認同、一下自我價值、自我效能感，你是在玩文字迷宮嗎？自我認同是什麼？我還是一頭霧水！」

讀者看到這邊如果有這種感覺，那的確是我的錯，因為心理學實在是一門非常難以一刀切的學門，許多概念也很難完全歸類。不過在這一節，讀者們只要知道一個概念：自我認同，就是我知道我是誰、我想要去哪裡。

「品皓，你這是什麼鬼問題，我現在就可以回答你：我是＿＿＿，我現在想要去找人堵你，因為你問這什麼蠢問題！」

如果你有這樣的反應，也沒有關係（請先不要衝動），你可能誤會我的意思了。關於「我是誰？」以及「我想要去哪裡？」等問題，是一種形而上的哲學問題，不僅僅是你身分證上的名字。那到底什麼是自我認同呢？讀者可以先試著回答以下的問題：

- 我非常清楚自己的優點是：＿＿＿＿＿＿；缺點是：＿＿＿＿＿＿。
- 我對自己這個人的看法很穩定，很少有變化？
- 如果你問我，我可以很清楚說出我是一個怎麼樣的人？
- 我對自己的未來有一個清楚的遠景，就是：＿＿＿＿＿＿。
- 我喜歡結交新的朋友？
- 我找到了一個有意義的生活方式，就是：＿＿＿＿＿＿。
- 下輩子投胎轉世，我仍然願意是現在的我？
- 我對有權威的人感到不滿，因為他們想要指揮我？
- 我對自己很有信心？
- 我和異性朋友建立良好的感情並不困難？

上面這些題目，都跟自我認同有關。包含你對自己知道多少？你對你想要的未來有沒有比較清晰的方向？你對人際關係、各種議題的核心價值觀是什麼？你對自己性別的接納程度？你對權力的觀點是什麼？都是自我認同所涵蓋的範圍。當你越能夠在這些問題當中，得到相對確定而具體的理解時，往往代表你是自我認同一致性較高的人。

「這有很重要嗎？我一定要對未來有什麼願景嗎？不知道是不行唷！」你心中可能會忍不住想要質疑。

我試著用一個粗淺的比喻來把自我認同說得再清楚些。

你可以想像你在漆黑幽暗、伸手不見五指的山洞裡，舉目望去一片漆黑。自我認同就有一點點像是黑暗中的火炬，能照亮你眼前的視野。當你拿起這支火炬，你會看清楚眼前的路，以及出口的方向。在引領你邁向出口的探索中，你會面對一路的顛簸與挑戰，但不會因此失去方向，在火炬的照明下，持續朝向目標前進。

自我認同這支火炬則是由自我價值、自我效能感、自我覺察、自我概念等眾多元素編織而成，這些元素都是來自於我們生活中的每一個經驗，持續累積而成的結果。

青少年最重要的心理發展任務

自我認同的概念並不是我瞎掰的，它是世界知名的心理學家艾瑞克森（Erik H.Erikson）所提出。在他的理論中，自我認同對每個人來說都是很重要的人生任務，尤其是在青少年（大約十二～二十歲）的發展階段，最重要的心理任務。也就是說，**一個青少年的心理狀態好不好，會影響到他下半輩子的人生；而青春期的心理狀態好不好，和他自我認同的整體品質密切相關**。

因為當一個人心理形成穩定的自我認同後，代表他在了解自己是什麼樣的人、想要去什麼方向，以及和其他人之間的關係等面向，有了相對穩定且持續的理解。這樣的理解會讓他知道自己的價值觀和界線在哪、比較喜歡什麼樣的人際關係（和什麼樣的人交朋友、和什麼樣的人保持距離）；知道自己擅長什麼領域、不喜歡什麼樣的工作類型；知道要怎麼在這個世界上成就自己、用什麼樣的方式追求心中的想望等。所以自我認同是我們在人生當中，做任何決定的心理基礎。

自我認同並非終身不變的狀態，我們在人生的每一個階段，隨著經歷、生命經驗的持續累積，多多少少會影響到自我認同的內涵。不過自我認同核心的主體，多半是在青少年階段便建立了主要的基礎。

自我認同如何形成？

讀者看到這裡，心中可能開始會浮現一個疑惑：「那孩子的自我認同要怎麼形成？」

如果你去問艾瑞克森，他可能會跟你說：「喔，自我認同的形成並不簡單。」

當你露出「廢話，這我也知道，說一些我不知道的東西，OK？」的神情看著他時，他會凝視著你，持續緩緩的說道：

「Well. You know... 自我認同不是簡單的加法，它不是你這邊做一點、那邊做一點，然後心裡就突然迸出一個自我認同的東西。它是你生命中各式各樣經驗的累積、拉扯、消化和內化之後，在這些基礎上所得到整合的結果。」

你看著他，正想要開口問他可不可以用中文再說一次時，艾瑞克森會接著說：「Well. You know...」

「No, I don't know. 請說一些我聽得懂的中文，please, 3Q.」你忍不住提醒他。

「OK.OK.」艾瑞克森笑了笑，接著真誠又溫和的說：「你可以去買品皓的上一本書《心理韌性》，裡面有非常具體的方向跟做法。」

「你……」

艾瑞克森看著你手中緊握的雙拳，趕忙接著說：「Hey!My bro, take it easy. 是這樣子的，回到源頭就可以啦，我們前面不是說過，自我認同是你對你自己這個人的理解，你擅長什麼、喜歡什麼、討厭什麼、相信什麼，這些都是理解的面向。而你是怎麼得到這些理解的呢？就是不斷透過生活中各種體驗、各種嘗試，以及這些體驗跟嘗試所帶給你的回饋，最後將這些經驗與回饋整合的結果。這些你對自己的看法和印象，就是你對自己的評價，也就是你的自我認同感。所以關鍵在創造經驗、累積經驗，以及整合經驗。」

艾瑞克森看著你原本握拳的雙手逐漸鬆開，他繼續說道：

「**探索、體驗，然後整合經驗，成為自我認同**。好比說你從小學到高中，會認識各式各樣不同的朋友，跟不同的人互動，一起討論報告，一起分享心事，組成小團體，後來又逐漸疏遠。過程中你的內心會漸漸清楚：哪些人跟你投緣、哪些人你看了就討厭。你可能因此發現自己的價值觀是什麼，你總是朋友優先，因為你相信朋友是很重要的資源，但你同時也討厭雙標仔（雙重標準、講一套做一套），你知道自己不喜歡不一致的人，因為這種人給你的感覺很假、不可靠。這些經驗的整合，全部都會成為你自我認同的一部分。」

教養或環境會影響自我認同

「嗯嗯，所以我應該要……」你若有所思的提問。

「所以我才說，你可以去買《心理韌性》，裡面有具體又清楚的方向和做法。」看來艾瑞克森也是個有品味的人。

他接著說：「所以**經驗很重要，而且怎麼看待這些經驗更重要**。當孩子考試考差了，這是一個經驗，但是他怎麼看待這個經驗，則是教養或環境決定的結果。身為家長，如果你跟他說『數學這麼簡單，你還給我考這種成績，丟不丟人呀？』他從你的反應中學到看待這個經驗的角度就是：考不好是一件非常丟臉的事情。以後當他又考不好或是表現不好時，他就會認為這是一件很丟臉的事情，然後這種感受、念頭會成為他自我認同的一部分，像是『我是一個滿容易丟臉的人』、『我的存在對某些人來說是很丟臉的』。」

艾瑞克森看看你，確認你知道他的意思後繼續說：「身為家長，你也可以跟孩子說『這次數學你考得不理想，你是怎麼準備的呢？你準備的方法可能要改進唷！』他從你的反應中學到看待這個經驗的角度就是：自己的表現和準備的方法有關，如果表現不好，可以從方法來進行討論跟改善。這種想法或觀點也可能會成為他自我認同的一部分，像是『許多事情的表現跟你怎麼準備有關，而不只是聰不聰明的問題』、『事情失敗了，那就再換個方法試試看』。」

總結來說，自我認同是個人在人際關係、職涯規劃、成就取向、人生意義等所有生命林林總總的經驗當中，貫穿全部思考、想望與邏輯，一以貫之的信念和價值。你現在知道它非常重要，但事實上，整個嘗試、探索與整合的過程，並不是每個人都能夠完成自我認同的心理發展任務，有的人在起伏當中度過了這個發展危機，有不少人的人生始終都困在認同的混亂之中。

也並不是每個人在青少年的階段，都能夠在自我認同上找到清晰的方向或統整，尤其是當青少年在建立自我認同的過程中，加進了網路所帶來的過曝影響，它們彼此間的交錯碰撞，將會讓問題變得更加複雜而挑戰。

心理疫苗4

走過個人認同、社會認同、形象認同路程

前一節我們對自我認同有了一些概念上的理解。然而自我認同為什麼重要？尤其是為什麼對過曝世代孩子特別重要？

回顧前面所提，除了先天的個性與特質以外，自我認同大部分來自於「對生活經驗的反芻與統整」。我們要在成長的過程中產生自我認同，有幾個滿重要的條件：一、生活中實際的經驗或體驗；二、對這些經驗的回顧與省思；三、在這些經驗的反芻中彙整出和「我」有關的元素（也就是所謂的自我覺察）。

舉一個簡單的例子，比如說我在暑假參加了一個科學體驗營，這次

的經驗是正向的，我結交了新朋友，團隊合作也得到隊輔導的肯定。營隊結束後，我在寫日記回顧這幾天的經驗時，得到幾個和自己有關的體認：我認識了不錯的新朋友（我的人緣似乎還不錯）、我們團隊完成了任務（我好像對任務內容滿拿手的）。

在這個過程中，一個生活中實際的經驗、對經驗的回顧與反芻，以及經驗中與自己的連結（自我覺察），成為累積自我認同的元素。

回過頭來，過曝世代孩子除了學校的生活之外，大部分娛樂、社交與關注的內容，都和網路有非常直接而深入的關係。不論是手機遊戲、短影片或是社群平台，本質上都是快速、立即，且無止境的興奮劑，讓人不自覺在一則一則連續播放的畫面中，造成注意力的耗費。網路的使用，壓縮了孩子對真實世界的體驗，無止境的播放功能、遊戲機制，則是完全偷走了他們有限的注意力資源。這些被盜走的注意力當中，有一些原本應該是用來增進自我覺察、與內在經驗對話，不過現在都被網路拿走了。

此外，這些快節奏、表淺化的內容動態，也在無意識中剝奪了孩子的思考及詞彙表達能力。你不妨想想看，當你在看一段五分鐘的搞笑短片或是電影摘要時，其實從頭到尾都沒有在思考。加上這些影片內容為了能夠快速引發觀眾的興趣，會用大量粗淺、重複且常見的詞彙，來降低認知進入門檻，達到讓人持續黏著觀看的目標。

思考會影響語言、語言會塑造思考，長期下來，孩子浸淫在大量淺顯、直白的短影片下，語意理解、文字掌握、表達思考的能力整體下降了。同時，孩子們對生活經驗的感受越來越淺薄化，就算你帶他到世界各地去玩，你會發現他對這些經驗的描述不外乎就是：「好玩、好吃、讚透了。」

因此，**過曝時代孩子在發展自我認同的過程中，所受到來自網路的風險和影響，是我們不可輕忽的**，而偏偏自我認同又是一個人在青春期的心理發展階段最重要的任務之一。因此，這是我對過曝世代孩子們，特別著重自我認同的原因。

三種自我認同的面向

如果說得更仔細一些，自我認同還可以再分成更細緻的面向，包含「個人認同」、「社會認同」以及「形象認同」。

看到這邊，你是不是又有一種腦袋想要放空的念頭出現？別急別急，請聽我解釋。我之所以想跟你聊聊這些細緻的分類，是因為這可以幫助我們用更全面的視角來理解自我認同的重要性，以及在教養或家庭中，你所能夠關注的面向。

簡單來說，就是「斯斯有兩種，功能各不同」，同樣的道理，「自我認同有三種，你該掌握的方向也不同」，掌握到概念，就會在生活中帶出方向。同時我也會分享我們團隊長年以來在臨床上看到的現象，以及提出值得讀者們注意的提醒。

一、個人認同

「個人認同」就是「私人我」的意思。我怎麼想事情、我怎麼看待事情、我的人生哲學是什麼、我要往哪裡去、我在意什麼、我討厭什麼等，這些都來自於我人生中的經驗，在我內心所形成的一種獨白、一種意識形態、一種思考習慣，是跟別人很不一樣的存在。我們在前一節舉的例子，多是這個部分。

二、社會認同

「社會認同」就是「公眾我」的意思。我這個人在大家眼中的評價如何、我有多少朋友、我是不是一個受歡迎的人、別人對我的印象怎麼樣等，這些「我」在我所待的環境中，所呈現的角色是什麼樣子。

三、形象認同

「形象認同」是較少人提到，但在青春期孩子身上很重要的部分。在我們的臨床觀察中，形象認同的影響很深遠。形象認同就是我這個人外貌、外在條件的吸引力，甚至我家住哪裡、有沒有錢等印象的總和。用最直接又簡單的話來說，就是我這個人「有沒有吸引力」。

覺得自己帥不帥、美不美、身材好不好、跑得快不快、功課好不好、有沒有魅力或是富不富有等，這些對很多身為家長的讀者來說，可能都是很膚淺的面向，你可能會想：「唉唷！人生有太多事情比這個重要，只要把書念好，外貌不是很重要的。」但是我跟你說，外貌對青春期的孩子來說，就是很重要。事實上很多研究都指出，好不好看的確可以預測一個孩子的自尊與自我價值感；一個人越好看，通常他的自尊與自我價值感會越高。這就很像我們在開玩笑時會說：「身高多少不重要，但你家要是有錢，身高在別人眼中就會自動加二十公分。」是一樣的道理。（唉，筆者想到這也忍不住感嘆）

中學生在意形象認同、社會認同

在這三種認同中，我們發現不同年紀的孩子，在意的點並不一樣。一般來說，國中與高中階段的孩子，會比大學生在意「社會認同（別人怎麼看我）」與「形象認同（我帥不帥）」；國中生又比高中生更在意「形象認同」，而大學生則是對「個人認同（我是個怎麼樣的人）」更重視。

簡單來說，**年紀越小的青少年，越在意自己的外在條件，也很在意別人怎麼看他**；等到進入大學之後，比起外貌或是社交條件，他更注重對自己的探索，而不再只是別人眼中的他。這種對外表、身材、表現等形象在意下降的現象，可能是因為孩子越來越不再從外在的條件來了解自己，因為他經歷過了國、高中時期的生活與經驗後，對自己是怎麼樣的一個人、大概有哪些優缺點，已經有了一定的認識或理解（有可能偏向正面，也可能導向負面的結果）。大學生在個人認同部分的高度重視，便是因為他從過去在意別人怎麼看他的角度，轉而更加重視自己內在的想法、感受、觀念、生涯等。

珠玉在側，覺我形穢

我想起國中時期青澀的自己，那時候我也是處在相當在意外貌、身材及表現的階段。每天下課的十分鐘，我們都會在廁所裡照鏡子，撥撥頭髮、左看右看打量自己一番。身邊還不時有同學拿出偶像代言、充滿化學香氣的髮膠，對著頭髮噴了又噴，不斷試圖把瀏海以一種詭異的角度固定在額頭前緣。我們一群人一陣操作，只差沒對著鏡子開口：「魔鏡呀魔鏡，你覺得除了我之外，世界上第二帥的人是誰？」（這問題實在是奸巧到完全不給魔鏡吐槽自己的機會）

在這樣的青春期氛圍中，我們在每一個可以比較的項目裡暗自較勁，比功課、比籃球、比成績、比各種琳瑯滿目的花式外在條件跟表現，就只是試圖在那個狹隘到只剩自己跟朋友的世界裡，在為數不多的標準中，找到一個可以誇耀容身的位置。

同時，我也還記得，當時班上有一位長得很帥很帥的同學，每次學校辦園遊會時，他總是有辦法邀請到四、五位別校的女生，不僅穿著火辣又裝扮時髦，每次都讓我們看得心神蕩漾。說也奇怪，每次和男神同學聊天時，我心裡都免不了會有一種自慚形穢的感覺出現，儘管我平常自認為還算是個體面的人，但類似這種時刻，就會感到特別自卑。

因此我們大概能夠理解，為什麼對許多處在青春期的中學生來說，他們總是非常在意別人怎麼看他（社會認同），以及在意自己的外貌、身高、體重（形象認同）。同時也可以理解，他們是如何在這些表淺的面向上，經歷心中的各種糾結與起伏。

所以你看他們出門老是要花一大堆時間梳妝打扮，不是對髮型很在意，就是對妝容很執著，衣服怎麼搭配也要想個老半天，或是照片要用修圖軟體修到快認不出來了，才會上傳社群平台等，這些都是他們在形象認同與社會認同的展現。（不過這些行為怎麼看，都比較像是筆者生活的日常，除了對髮型的在意以外）

介紹了這麼多自我認同的種類，最主要的用意是想讓各位讀者知道，這些都是一個孩子正常的心理發展現象，也是他們在這個人生階段要逐步完成的心理任務。**幾乎每一個孩子都會在外貌、身材、人際關係、行為表現等面向，走過這一段非常在意的路程，與此同時，他也不斷透過這**

些經驗來探索自己。

所以儘管我們仍覺得這些東西放在人生裡不是最重要的事情，但如果孩子不經歷過這些起伏、衝突、疑惑、失落與矛盾，並在當中慢慢找到對自己的理解跟探索，他很難真正知道人生中什麼對他是重要的。

心理疫苗 5

跳出自我懷疑的漩渦

在青春期的成長路上，孩子對自我的懷疑不會停止，直到自我認同開始穩固之後才逐漸稍歇。當孩子因為關係中的波動而低落時，往往有一部分原因是對自我的懷疑：懷疑自己不夠好、懷疑自己會被拋棄、懷疑自己無足輕重等。這種低落的狀態相當困擾孩子，依據我們在臨床實務中的觀察，大部分的孩子都有消化這些低落的方法跟能力，因此並不需要特別過度擔心。

此外，孩子習慣將不滿意自己的部分視為缺點，並成為自我認同中缺陷的一面。最常見的是外貌，他們對自己的外貌總是不滿意，再來就是各式各樣對自己花式的數落，任何跟主流觀點或價值不一樣的特質，在孩子眼裡都容易成為缺點，比如猶豫、謹慎、內向、文靜、堅持、情緒起伏大、溫吞等。

「一體兩面、情境決定」原則

面對孩子的自我懷疑與低落，對家長來說，有一個基本原則：「一體兩面、情境決定」。也就是說，很多我們以為是缺點的特質，在不同的場域、條件和情境中，卻可能成為優點。比如一個很謹慎的孩子，遇到該做決定的時候，都要在有十足的把握下才出手，這樣的特質可能在生活中造成一些困擾，但如果是在選擇投資商品的理財決策中，卻會是相對重要的特質，能避免衝動行事而引發遺憾。

因此，當我們在看孩子自認為缺點的特質時，值得進一步思考的是，**這些缺點在什麼條件下，它會有優勢？這也是我們可以幫助孩子自我理解的部分。**

「一體兩面、情境決定」背後的觀念是，這世界有些事情是絕對的，但有更多事情是相對的。相對的意思是，你可以選擇、創造有利於你的環境，而不是只有被決定的份。

比如說孩子對自己的外貌不滿，我們除了可以把外貌這個整體含糊的概念，拆解成各個細部五官的正向回饋（比如說眼睛很漂亮），在「一體兩面、情境決定」的原則下，你也可以讓孩子知道：「你雖然不是你自己的菜（欣賞的對象），但你會是別人的菜（欣賞的對象）。」所以儘管他不是太滿意自己的某些外貌條件，但讓他知道他仍然會是別人眼中的男（女）神，要做的就是為自己創造機會。

我們內心對自己認同的亮點，是擁抱陰暗力量的來源。

善用認同動機

孩子生活中會有一些羨慕且欣賞的對象，可能是天王天后級的偶像、知名人物，也可能是班上的同學，他的內心或許會希望自己能跟對方一樣。這種對偶像、同學的羨慕，也是一種認同的來源，我們可以善用這種認同的動機。其中一個簡單的方法，就是將孩子對這些人認同的特質，變成自己的一部分，怎麼做呢？

一、想望自我

讓孩子試著和自己的內心進行對話。請孩子想像當他遇到那個具備他所欣賞特質的偶像時，「這位偶像會跟你說些什麼？他會怎麼表達對你的重視？他會如何睿智的建議你來應對你所在意的困境？他會怎麼鼓勵你來面對眼前的挑戰？」

在這樣的想像對話中，孩子透過內心的對話和互動，把外在偶像中他所想望的特質，一步步內化成自己的一部分。

二、虛實整合

另一個更直接、稍稍不尋常的做法，值得我們用實驗的態度來嘗試看看。在實際生活中，請孩子去模仿他心目中所想望、所期待的自己，用他期待中的自己幫他在現實生活中行動、反應、體驗與思考。

他模仿的不是其他人，就是他所想望、期待的自己。在這個過程中，他能暫時隱蔽內心對自己懷疑的一面，並把自己隱身在所模仿的對象當中，讓他為孩子去應對。在這個模仿的過程中，孩子也開始將理想中的自我，融合成為自我認同的一部分。

「那孩子什麼時候可以停止模仿呢？」你可能會這麼問。

「永遠不要停止。」這會是我的建議。

心理疫苗 6

小心加了濾鏡的失真認同

我們現在理解青春期的孩子，有自我認同的心理任務要完成，而且當「網路」因素加進來之後，事情會變得更複雜。如同前幾節所提，網路讓孩子對自己的外在條件、對別人評價的在意變得更加綿延無盡；網路讓孩子處在對欲望的沉迷與競逐中，並且帶來更多失落與懷疑；網路也讓孩子在人際關係的變動與不確定中載浮載沉，情緒跟著七上八下。網路打破了國界與地域的隔閡與藩籬，帶來資訊自由的同時，某種程度也對身心尚在發展的孩子們，帶來心靈上的囚禁。

那怎麼辦呢？我們如何在理解自我認同這些概念後，為過曝世代孩子在其中找到自我安頓與認同呢？

首先，我希望讀者明白，之所以花這麼大的篇幅討論自我認同，是因為在青春期搖擺動盪的年紀裡，很多孩子經歷的事件、相處的對象、面臨的環境等，這些經驗本身，以及經驗與經驗彼此之間的影響，全部的總和會慢慢形塑孩子對自我的認同。

身為一個仰賴團體而存活的物種，我們天生就重視別人的看法，甚至我們幸福和快樂的來源之一，就是別人的肯定或讚美。有一些心理學的研究還發現，當我們面對他人的排斥時，那種心理上的疼痛與你經歷一場生理上的痛，在大腦裡的反應是一樣的路徑。所以，一個人對事情的看法可能會相當堅持，但一個人對自己的看法，卻很容易受到他人影響。其中最核心的基礎，來自家庭對一個人在自我認同上的影響。

這帶出了家長在教養中可以施力與參考的方向。如果我們對自己的看法容易受到他人影響，那麼，孩子更是特別容易被身邊的人左右；換個角度說，**孩子對自己的看法，顯然也很容易被家長影響。**只要掌握到這個邏輯，就是你能夠發揮影響的關鍵時刻了。而你要做的其實很簡單，願意傾聽他、陪伴他，這些關係良好的品質就會讓他感受到自己是「值得」被愛的人。

美化的網路世界

接下來我想跟你聊聊，在網路影響下，孩子在發展認同時經常會遇到的挑戰，以及家長可以協助孩子的部分。

絕大多數會在社交平台上分享自己生活點滴的人，通常會向他們的社群好友或是追蹤者展現自己的獨特與美好，不論是分享廚藝作品、運動健行、時尚美學、文學評析，甚至家庭互動等。但你知道，通常這些分享的畫面不是真正的自我，而是希望別人以為的自己。

你是不是也有過類似的經驗：當你要上傳照片時，習慣性的會用後製軟體將照片中的自己修得年輕一些、皮膚白皙一些，甚至身材比例也會做一些調整，這麼做的原因，常常是因為我們想要在大家面前呈現出自己美好的一面。

反過來思考，我們之所以會想要在一幅照片、一篇文章、一則動態中反覆雕琢、來回操作，只為了呈現美好的一面，是因為我們深刻的認知現在的自己並不完美；更進一步說，我們時刻都在消化生命中各種無法逃避的失落，對自己期待的落空、對生活抱負的無望、對生命無常的感嘆、對歲月無情的惆悵等，這些都構成了我們失落的內涵。而在社群平台上，你隨時都可以透過精心篩選的視角，一鍵送出理想的人生圖樣，在如恭賀般的按讚與回應中，安撫這種失落，也讓我們遠離生命中沉重的真實。

從這個角度來看，其實網路與社群平台是有療傷與轉移注意力的功能，但在使用這個功能前，我們會有一個心理基礎：我知道真相是什麼，我也知道網路上的世界和真相有多遠，而孩子並不真的理解這一點。就算他理智上理解了，但他的認同標準也在這個過程中被形塑了。

我們能夠協助孩子了解的是：每個人都想要向世界展現自己，但這和世界真實的樣貌是兩回事。

網路世界裡，每個人都在爭取大家的注意力，更有一群人把眾人的注意收割成營利賺錢的基礎，他們必須在眾多競逐者中，以更具可看性的內容來博取注意力，這些內容往往也讓追隨者更加偏離了世界真實的樣貌。

我們在著迷於欲望追逐的過程中，並不會發現自己同時正深受社群平台影響，尤其當這些資訊是二十四小時不斷圍繞著我們。電視、報紙廣告、社群媒體網站，甚至我們在社群遇到的每一個人，都在無形中調整我對自己的看法。我們從這些失真且極度完美的照片、短影片分享中，不斷吸納各種元素，形成自我認同的一種性格基礎，甚至不會意識到這一點。於是孩子們以這些脫離常態又刻意美化過後的對象作為普世認同的標準，又不斷在現實中體會與認同之間落差的失落，這讓過曝世代孩子的靈魂在現實與網路的巨大鴻溝當中飄移，沒有一個能夠安放的位置。

「巴南效應」與自我認同

那我們該如何？

對孩子們來說，如果你看過拙作《心理韌性》，你就會知道「巴南效應」的概念以及它所代表的意義。為了能夠接續在這裡的描述，我簡單描述一下巴南效應的概念。所謂「巴南效應」，就是我們如果認為這些對人格特質的描述是專屬於自己的，儘管這些描述可能含糊不清，我們仍會高度認同它們。就好像有人拿著你的生辰八字去算命，算命師跟你說了一串算命的結果，你都會傾向於相信那些內容。

從科學角度來看，人類是群體的動物，如果我們想在群體中活得好，就要能夠接受別人的看法跟回饋，並且在這過程中受到別人影響，讓自己和團體有一種協調的狀態。「巴南效應」讓我們看清楚一件事：我們對自己有興趣，卻不了解自己，渴望從別人的回饋中看到自己、完整自己。

自我認同也是在這樣的狀態：透過對自我的探索與追尋，形成一個對自我存在的意義感，並在其中發展出能證明自己的存在與意義的方法。在這樣的需求下，孩子不斷去吸納環境中任何可以讓他認同的元素，為了能夠找到自己是誰，以及自己是否值得被喜歡的答案。

因此，**對孩子來說，和爸媽的相處與陪伴，一直都是自我認同感非常重要的心理核心基礎**，只是太多人習慣於技巧、具體的建議、做法，以至於忽略了「陪伴」，這樣的關係本身就是自我認同的基礎。如果你對孩子的自我認同養成有興趣，除了參考《心理韌性》所提到的概念與建議之外，我們在下一章將回到親子關係中，透過一些值得思考的教養面向與建議，協助大家陪伴過曝世代孩子成長。

第3章

過曝世代家庭教養心法

該如何陪伴過曝世代孩子呢？包含教養中的界線與拿捏、控制與權力、父母的焦慮、羞恥與愧疚、學習與價值感……從我們自己、到親子關係、回到孩子身上，一起邁向自我認同整合的路途。

青春期父母的兩難

該控制？該放手？

過曝世代孩子有他們生活、人際以及成長的困難與挑戰，同時也有他們所獨有的時代文化，與我們這一代家長所養成的價值體系是不一樣的。我們從小被灌輸的價值觀，從當時所流行的歌曲、耳熟能詳的口號中就能看出一二：「三分天注定、七分靠打拚」（葉啟田〈愛拚才會贏〉）、「在哪邊跌倒，就在哪邊站起來」（國中常見作文題目範例），這些標語背後的精神，都在訴求「獨立」、「耐挫」、「打斷筋骨顛倒勇」的堅毅與承擔。但現在許多家長看孩子卻有一種「在哪裡跌倒，就在哪裡躺好」的無奈，同時也會有一種「遇到挫折很容易屈服」

的擔心。

在這些世代價值的矛盾中，也讓很多爸爸媽媽在拿捏教養的力道時，很難判斷。是不是應該要多包容孩子在現實中的挫折與心情？是不是該好好信任孩子，漸漸學會放手？但當我們看到孩子對目標缺乏衝勁與熱情的樣子，免不了又對這樣的態度感到焦慮。面對青春期的過曝世代孩子，在教養上該怎麼調整自己（爸媽自身）的心態呢？

我發現，有一個親子間的現象在過曝世代的家庭相當常見，用公式來說，可以看成是以下這個關係：

脆弱的孩子＋高度擔憂的家長＝彼此沒有界線的綑綁＝控制的原型

這是過曝世代的家庭中，關於控制的起源。由於現代小家庭的結構，使得我們無須再去應付大家族眾多且複雜的親戚關係，心力能集中在家中一、兩個孩子身上。「越注意，就越在意」是所有關係的真理。越在意的結果，就是越怕孩子跌倒，不自覺把他手牽起來，這個「牽」的動作就是控制的原型。

親子關係的控制迴圈

所以用「放手」這個詞，能相當傳神的表達出親子關係之間的矛盾與糾結。一個家長從什麼時候開始學習面對放手？就是孩子會走路的那一刻開始。當孩子跌跌撞撞、一步步踏出踉蹌的步伐時，他開始有了探索世界的行動能力。也是在那個時候，爸爸媽媽開始更緊握孩子的手，因為怕他跌倒受傷，這份擔心也喻示了往後他所要面對的世界帶來的危險。於是看著孩子每踏出一步，你心頭都會一緊，然後不自覺將他的手牽得更緊。

越擔憂便牽得越緊，越操心就介入越多。然而弔詭的是，**當我們對孩子的照顧和介入牽涉越深，就會讓孩子更加依賴我們，也越失去行動或嘗試的動機**。這種被動而脆弱的狀態讓我們更擔憂，然後介入得更多。於是在這個焦慮的循環當中，就形成了以上公式的控制迴圈。

所以親子關係本質上就是一種控制的關係，一種基於擔憂而關注的天然傾向。用一句話來呈現這種焦慮與矛盾的兩難，就是：「你牽他的時候他都不見得走得好，你放手那還得了？」

這也是很多爸爸媽媽對過曝世代孩子的矛盾與衝突，比如說當我們看不慣孩子對課業學習的消極態度時，就會幫他找各種學習資源管道，試圖加大控制的力道讓他學習，便是類似的道理。我自己在會談中經常感受到這樣的糾結與循環，家長們也常常承受著這樣的焦灼與矛盾，很是辛苦。

人生無法套公式

身為父親，我理解家長心中的矛盾。事實上，我猜我們永遠不會知道孩子未來的發展是什麼、會不會走偏、會不會繭居、會不會就像他現在的態度一樣，永遠消極到沒出息……之所以不知道，是因為沒人可以預測未來，對未來的預測本身就違反生命的本質。

生命是亂數，所以無法預測，更不可能直接控制。所以我們不斷透過自己對未來的想像，再回到現在，試圖去掌握可以因應未來的元素，像是學歷、課業、智商、品行等。以下是我們就自己經驗中相信可以用來應對未來的簡化公式，例如：

學歷好＝發展好

品行好＝不犯法

學歷好＋品行好＝好美滿

然而，如果未來本身就不可預測，那麼所有試圖透過控制當下來防範未來的做法，在邏輯跟本質上都是徒勞無功的。

從不同面向觀察孩子

根據我自己身為家長的經驗，加上我們團隊有許多資深治療師長期和青少年合作下來的共同觀察，我覺得除了學業、功課或聰明才智之外，孩子還有一些其他面向，同樣能提供關於他能力的參考：

一、觀察孩子對於社會規範的尺度

孩子怎麼看待別人的行為、怎麼評價別人行為的對錯，有時候是他自己價值觀的延伸，所以如果他跟你抱怨別人考試都作弊、抱怨同學做報告不負責、抱怨朋友自私不講義氣，這些都反應出他心中某些尺度的標準。儘管他自己也不見得有多好，甚至有時候還自打臉，但你會看到他有自己一套看待事物、價值觀的標準。

有標準，往往意味著他有一道心理和認知上的底線，好過於沒有底線；有底線，就代表他有自己的價值系統，這個系統只要不運作得太偏頗或太極端，能有彈性與修正的空間，剩下就是透過經驗不斷讓價值系統運作得更完善。

這裡所說的社會規範尺度，指的是孩子在團體中和別人互動時的一種心理規則，不是孩子對自己的要求或自律。所以孩子心中可能有把尺，但他不會拿這把尺來逼自己或要求自己，不過，那也是很正常的現象。而我們要做的，是透過各種機會觀察孩子心中的這把尺，大概是長什麼樣子。

二、觀察孩子自我成就的動機

十八世紀的經濟巨擘，也是經典著作《國富論》的作者——英國經濟學家亞當．史密斯（Adam Smith）曾對人性有一個深刻的看法跟理解，他認為人是自利（self-interest）的。所謂的自利，指人們是對自己感到興趣的。因為對自己感到興趣，所以會延伸出社會性的動機，希望自己值得被喜歡。當一個人期待自己被喜歡的時候，他就會在所處的環境當中，找到適合他所擅長，能夠藉此得到肯定的方法。因此你會觀察到孩子的許多行為，其實都反應出這些需求。

現實中，你可以看兩個面向，一、孩子是不是喜歡被稱讚或肯定？二、孩子會不會對失敗很逃避？這兩個看似不太一樣的反應，背後都是對自我形象與成就表現的在乎。當你越在乎一件事情，它對你的作用力就越大，但通常反作用力也會越大，因為作用力＝反作用力。好比一個男生遇到心儀的女生時，如果對方越吸引他，通常越會引發這位男性內心的自卑與不自信感，因為作用力＝反作用力。所以有時候孩子越在乎一件事情時，如果這件事情會牽涉到表現、評比、別人的評價，孩子的恐懼也會越大。在意跟恐懼，有時候是一體的兩面。

這就是為什麼有些孩子明明心裡很想把考試考好，因為他在意自己的成績，卻又不太願意努力，**因為當一個人越努力時，他也會越擔心自己做不好所帶來的挫折感和否定感。**

有時候成就動機會在生活中的其他面向出現。通常是只要能夠引發孩子意義感或價值感的事情，他就會主動去做。比如說他回家跟你說他在學校當社團幹部怎樣怎樣，抱怨這個抱怨那個，但他還是持續把幹部的任務完成，因為那裡面有價值，這就是成就動機（當然也會有別人羨慕或曖昧的眼光）。當一個人越在意，就越有動機去追求社會性的肯定或回報。而在這個追求的過程中，家人的協助很重要。

同時，我們團隊也在近年看到一種青少年趨勢，套句大人熟悉的話來說，就是「躺平主義」。按照維基百科所寫：「『躺平主義』指的是年輕人面對社會期待工作奮鬥，卻產生對生活、工作滿滿的疲倦感，與其努力，不如選擇躺平的生活態度。強調『維持最低生存標準，拒絕成為他人賺錢的機器和被剝削的奴隸』，意味著放棄婚姻、不找工作、降低物質需求等。」

展現在青少年身上，就是盡力敷衍、放棄努力、不痛不癢的現象。關於這個現象，網路上有非常多的論述，而我們依據米露谷體系在各個治療所的長期觀察，發現這些表面上看起來不思進取、生活消極、缺乏抱負或熱情的孩子們，大概有幾個心理現象：

- 在最富裕豐沛的年代中成長，不曾匱乏的生活，成為其職涯想像的經驗框架。
- 緊密而周到的家庭共生經驗，形成彼此依賴的親子纏繞。

● 在功績體制循環競爭中成長，面對學業競逐所帶來的耗損，失去信心和動機。

對許多孩子來說，相對優渥而發達的生活經驗當中，幾乎每一種物質需求都能在不同的價格帶，得到相應細緻又有品質的滿足；以前，我只有在想要好好犒賞自己時，才會偶爾點一次高價位咖啡，平時只喝三合一咖啡，但現在的孩子花五十元能喝到好咖啡，花一百二十元還能喝到風味更佳的高品質咖啡，富裕與繁榮奠定了他們對生活基本品味的標準。對照起升學體制中的反覆競爭與繁複管道，我很難想像要怎麼說服孩子，這些努力是為了獲得日後更好的工作機會、更高的生活品質，畢竟現在生活已經夠好了。因此「躺平現象」並不是因為缺乏成就動機，而是找不到需要在體制中持續競逐耗損的生存性理由。

「這對我有什麼意義？」「這是我想要追求的意義嗎？」「我的意

義是什麼？」這些都是過曝世代孩子們更在意的問題。當某件事情對孩子的意義不明確時，他很難說服自己要為一個理由不明、意義模糊的目標堅持或投入。這也是家長們比較挑戰的地方，因為「以前人家叫我讀書我就讀，哪有想那麼多的？」但**過曝世代孩子對於「做這些事情的意義是什麼？」則是需要優先解決的問題**。對於家長來說，孩子願意提出對「意義」的探問，便是一個開啟溝通的機會，也是值得我們好好和孩子一起思考與討論的問題。

我們也同時觀察到，孩子多半是聽話的，所以他會聽家人的話，會為了博取家人的歡心而在學業上努力，也會因為表現得到讚賞而更加努力。然而也有許多孩子的學習動機，可能在體制中經過反覆自我否定的機制，慢慢被消磨殆盡。這種自我否定表現在學習上，便是意興闌珊、低落逃避、擺爛敷衍等。於是家人退而求其次，期待孩子拿出基本的態度就好，比如上學不遲到、作業要繳交、學分要拿到等，然而這些並沒有解決「意義」與「自我否定」的問題。有關學習與意義的主題，我們將會在本章最後一節分享。

三、觀察孩子人際關係的品質

許多孩子在青春期的成長中，都會非常在意自己朋友多不多。如果朋友沒有他預期多，孩子就會覺得自己人際關係不好。像這樣的自我懷疑，其實是因為掉入了「量化思考」的陷阱，一切都以數量多寡作為好或壞的評斷標準。比如看書就比誰看得多、考試就比誰的分數高，都是落入追求形式上最大數量的表現滿足，這在青少年成長的過程中，是很正常的現象。

因為我們都是從比較視覺性的具體思考階段，隨著大腦的發展與經驗的累積，慢慢有了抽象思考的能力。而當你有了抽象思考的能力，才比較能夠跳脫事情的表現，去理解隱身在事物背後，無形而細緻的道理或邏輯。簡單來說，具體思考就是你看得到的東西，而抽象思考則是帶著你看到事物背後運行的邏輯、本質、關係與因果等。

比如我請你形容「蘋果」，你應該可以輕易辦到，因為這是一種具體思考，蘋果的樣子在生活中真實看得到，因此能夠在你腦中清晰又立體的浮現。但如果我請你形容什麼是「關係」，你應該就需要透過非常多的文字描繪與陳述，才能將它說清楚，這個過程就是抽象思考。

對青春期的孩子來說，具體思考顯然比抽象思考來得簡單，因此人際關係好不好，當然就會以朋友多或少來當作標準，而不會想到人際關係的好壞也可以取決於「品質好不好」，因為品質這種東西太抽象了。

所以當我們看孩子交朋友時，可以從「質跟量」兩種面向來評估，不管是朋友多且交友廣闊，或是朋友少但互動深入，兩種都很好，因為展現出他在人際關係當中不同面向的能力。**很多孩子對朋友多不多很在意，落入「量化思考」的迷思，甚至不少家長也是如此**。事實上，這是不太一樣的人際關係模式，沒有孰輕孰重。

以上這幾個思考的方向，一方面提供了我們觀察孩子心理發展的軌跡，一方面也幫助我們能夠從中慢慢得到關於孩子的輪廓，讓我們有機會看到孩子的能力與想望，進而在這些理解的基礎上，面對關係中界線的收放，找到合適的拿捏尺度。

教養心法 1

讓渡權力，開啟新溝通模式

我們上一節聊了教養中界線的評估與拿捏，你會發現其實我們最後在說的是「控制」。

過曝世代從小便是在強調尊重界線、個體獨立、身體自主的自由氛圍中長大，對於自我意識的注重，遠勝於我們成長的年代。孩子進入青春期後，對於關係當中權力、界線與控制的議題，往往有更敏銳的感受與邊界。面對過曝世代青春期的親子關係，「控制」的主題，也會是我們需要面對的一課。

不管是婚姻關係、伴侶關係、婆媳妯娌關係、同事關係或是朋友關係，大部分的關係裡其實都會有控制的成分，像是現在大家很熟悉的「情緒勒索」：我引發對方的焦慮或愧疚等情緒，而讓對方試圖做出我所期待的行為，藉此來降低他內心的焦慮感。比如說我希望同事挺我，我可能會刻意籠絡他、照顧他，讓他習慣依賴我，如果哪天他在團隊裡不支持我，我就一整天不理他，把他當成空氣，他會因為擔心失去我這個朋友或靠山，只好對我言聽計從。這本質上就是一種控制。

而在親子關係裡，我們在上一節也有提到這種控制的原型，是從「脆弱的孩子＋高度擔憂的家長＝彼此沒有界線的綑綁」公式開始。「控制」一直是關係裡的本質，隨著「控制」在每一段關係底層的騷動與蟄伏，你會發現它帶出另一個相關的主題：「權力」。「控制」與「權力」兩者是很密切的概念，彼此是一種相互增益的關係，在討論到許多關係中的暴力議題時，往往會把這兩個放在一起探討。

我最近逐漸體認到一個事實：這世界大部分的關係，在「控制」的本質下，基本上都反應出「權力」的相對位置跟消長，不管是師生關係、同事關係、親子關係，甚至夫妻關係的某些時刻，都受到控制與權力的作用與影響。

關係裡的語言控制

只要有控制，就伴隨著權力，只要有權力，就會帶來控制。除此之外，人與人之間的互動大部分時候是透過語言在連結的，不管什麼關係，我們習慣經由大量語言來交流與互動（就算你面對的是家裡的狗狗或貓咪，你會發現自己也常常不自覺和牠們說起人話）。當語言作為串聯關係的重要媒介時，有關控制與權力的本質就會經由語言而展現。

說得直接一些，語言就是我們用文字在關係中展現權力、達成控制的工具。當我們在和別人聊天或互動時，有時就在我們交談的每句話背後，可能都暗藏著一種微妙又隱微的權力關係，並且在整個對話的過程中暗自來回。

你可能會想說：「品皓，誇張耶，我們就只是在聊天好嗎？哪有什麼權力不權力的那麼嚴肅？」「最好隨便說幾句話都有權力的問題啦，你是有被害妄想症唷？」「你說的會不會是你自己在婚姻中的現象（笑）？」

你這麼想，我完全贊成也認同。

因為**人都有一種傾向，就是期待在關係中彼此是可以「對等」的**。當你意識到關係中存在不對等的時候，對任何一方來說，這是一種壓力。弱勢的一方因為感受到壓迫而焦慮，另一方則因為意識到對方受到自己的壓迫而不安。於是我們在平常的對話當中，都會有一種給對方台階下、不要撕破臉的覺察，「說話要顧及到對方的情面」、「人前留一線、日後好相見」、「不要得理不饒人」等，背後不就是我們在意「對等」

嗎？因為意識到對方要丟臉了、面子要掛不住了，所以要給他一個台階下來。

但人畢竟是有控制欲的，控制又是和權力掛鉤的，任何關係當中，都無法不正視它們的存在。

於是，人類很自然就在社群中逐步發展出一種既能名正言順訴諸權力、達成控制，同時又能安撫受壓迫方的關係形式：「階級」。透過各種形式的階級所賦予的權力，達成控制，又能巧妙繞開會引發壓迫感的不滿。

我們從小就很習慣這樣的生活日常，你有沒有印象，從小學開始，就在班上選出班長、風紀股長、衛生股長，讓幹部來組織大家做事情、登記違規的同學、貫徹老師（更高權力者）的命令。十幾年下來，在進入社會前，我們都已經很習慣這種制度，這樣的玩法也深植我們的認同中，所以大家多能相安無事，並且在不同的階層中處之泰然，儘管偶爾感受到不對等或是壓迫，但過去十幾二十年的體制生活，讓我們太熟悉這種運作，熟悉成自然，也認同這份邏輯。

小心「權力不對等」的對話

比較弔詭的是，平時大家都在不同的權力平流層中平和相處，但如果某一天某個白目跟你交談時，不小心在語言中揭示這種隱藏在階級背後的權力關係，他等於就打破了語言原本的曖昧空間，把關係中這種不對等的元素直接搬上檯面。這種情況下，我們就再也沒有任何模糊的空間，而必須被迫直視這種矛盾與衝突。

也就是說，當語言赤裸裸的顯示彼此關係中的權力不對等時，任何一個正常人感受到這種不對等，靈魂深處那種對於被控制、被壓迫的反動，就會在意識層面探出頭來，不只奮力搖頭，還會大聲怒喊：「你什麼東西？憑什麼想要控制我？」

然後你的內心很可能就炸裂了。

什麼叫作在語言當中赤裸裸的展示彼此權力的不對等呢？大家可以看看下面幾句話，是不是還滿熟悉的？

「你少在那廢話，我說了算！」

「我是你爸，我為什麼不能管？」

「你長大了是不是？翅膀硬了是不是？」

「我花這麼多錢給你補習，你考這什麼成績？」

「我數到三，你試試看！」

「你給我」句型：「你給我把飯吃掉」、「你給我把功課寫完」、「你給我安靜」

權力傾軋帶來親子衝突

你有沒有發現，在上述這些話的結構當中，都有一種很明顯的權力相對：一方是發號施令的人，一方則是被視為要遵從命令的下屬。所以當這種對話一出來，直接揭露兩方在權力上的差異時，弱勢的一方很快就會因為靈魂受到壓迫而在精神上鼓譟暴動，接著衝突就發生了。

像是「我數到三，你再＿＿＿＿＿就給我試試看」，這句話堪稱權力與控制中的經典。空格中的內容可以是任何反向指令：再不走、再慢吞吞、再哭。我小時候不禁常想：「如果真的數到三，不知道會發生什麼事情？」但好奇歸好奇，我還是很愛惜生命，所以大部分時候還沒等到大人數到三，我就從良了。但心裡還是會忍不住發牢騷，怨嘆大人的數學怎麼那麼差，只能數到三，為什麼不能數到一百呢？

不過，當溝通中直接出現權力落差時，也不是每個人都會爆炸，比較年幼或沒什麼反抗力道的孩子，就要學會把不爽吞進心裡。這種內心不爽，但身體必須順服的反差，會讓人陷入身心背離的矛盾狀態。長久下來，他要不是用麻痺感受的方式來隔離自己的情緒，就是常常處在連自己都不知道原因的憤怒當中。

你可能會好奇，在什麼狀態下會發生這種權力傾軋呢？我的經驗中，往往是兩方在某些議題上無法達到共識，彼此又都很堅持自己的主張或立場時，權力大的一方會直接放棄溝通，訴諸權力裁決。

如同前面所說，任何關係當中本來就會有控制與權力的成分，如果我們都不喜歡成為權力與控制壓迫的一方，但又無法避免關係中的這些必然，那還能怎麼辦呢？不管嗎？放任嗎？都尊重對方就好嗎？如果都尊重對方，都給對方決定，那還談什麼管教？

這是很多家長在親子關係中，常常拿捏不定的原因之一。少部分的家長乾脆直接站在兩個極端，不是極度的控制，就是完全的放任，但這往往讓問題變得更加複雜。

大部分父母之所以糾結，一部分原因也是在這裡。所以坊間有許多書籍、心理學派、教養專家都在這個糾結當中，選擇用不同的方式來因應。有的從情緒面著手，藉由探索情緒的核心與需求，來應對關係中的互動；有的則是繞過權力與控制的現象，關注人性中向善成長的元素，藉此定位與調整教養的功能等。這些觀點都能帶給我們許多學習與啟發，如果能再加上權力與控制的概念，共同放在親子關係中來琢磨，或許能讓我們有更完整的視野。

青春期親子之間關係品質不佳，往往並不是因為控制或不控制的問題，事實上控制本來就存在。**親子之間相處會衝突，多半是因為一方（通常是有權力、想控制的那一方）打破了這種曖昧的平衡。**除了各種情緒取向的溝通理論外，我們也可以直接面對權力，並學習怎麼在溝通中處理權力的問題。

大家要理解，當我們在討論怎麼處理溝通中的權力問題時，有一個重要的前提：我們先承認這種權力與控制是存在的，在這個前提下，面對權力，有一個簡單的運作原則：「讓渡」。

在溝通中讓渡權力

所謂讓渡，是指你把自己的財產移轉與他人，不問有無報償。在親子關係中，擁有權力的人是你，當面對許多溝通上的阻礙、價值觀的對立或意見不合時，我們可以練習透過權力讓渡的形式，來達成最終的目標：溝通。（請記得，我們的目標是溝通，不是在改變或說服對方，如果你一開始就打定主意要改變對方，往往不容易成功）

因此，**讓渡權力不是放棄控制，而是學習怎麼在溝通當中，透過權力的重新分派，讓溝通可以有效的持續。**有溝通，才會有交流；有交流，關係才不會凝滯或阻塞。

讓渡權力的方法很簡單，就是把你的權力讓一點給孩子，讓他也可以有一些權力，然後請他依據權力來表達他的立場、意見、觀點與決定。大家可以試試看，怎麼樣透過讓渡權力的原則，把下面的句子換句話說：

換句話說

1.「你少在那廢話，我說了算！」↓

2.「我是你爸，我為什麼不能管？」↓

3.「你長大了是不是？翅膀硬了是不是？」↓

4.「我花這麼多錢給你補習，你考這什麼成績？」↓

5.「我數到三，你試試看！」↓

讓渡權力的說法示範

1.「你少在那廢話，我說了算！」

↓「你有你自己的想法，我比較想知道你是怎麼想？」

2.「我是你爸，我為什麼不能管？」

↓「不是管不管的問題，在你還沒有被賦予完全負責的權力以前，我必須承擔你決策的責任。你應該有你的考量，那是什麼？」

3.「你長大了是不是？翅膀硬了是不是？」

↓「你有自己的想法很好，但在還沒辦法完全負責之前，你同時也要思考怎麼跟我達成共識？」

4.「我花這麼多錢給你補習，你考這什麼成績？」

↓「如果你在複習或準備上有困難，那是什麼？有需要的話我可以跟你一起來準備英文單字，我也順便幫自己複習一下。」

5.「我數到三，你試試看！」

→「我比較好奇的是，如果這次你按照自己的步調，你覺得你會怎麼做？你怎麼想？」

面對青春期的過曝世代孩子，你會發現我們不免會處在一種緊張的關係當中，原因之一也在於權力的流動、彼此對權力的爭奪，以及對權力的揭示。因此練習讓渡權力，是我們在面對青春期親子關係時，滿值得嘗試的方向。但你也不要以為這樣就能讓孩子有什麼戲劇化的改變，重點不是在於改變誰，而是意識到權力的存在，以及練習讓渡權力，讓對話能在關係中繼續。

控制跟放手是每一段親子關係中不斷來回拉扯的主題，所以一種平衡的關係，並不是在導向權力的任何一個極端（太過高壓或放任），而是在權力的流動中得到新的平衡點。這個平衡點的找尋，或許可以試著從學習怎麼在溝通中讓渡權力開始。

事實上，權力跟控制也不是你擔心或在意就能解決的事情，權力關係是動態的，沒什麼永遠不變的狀態。你家孩子終究會長大，身高會比你高、力量會比你大、會賺錢、會有自己的生活跟事業，這些都是他長出自己的權力、擺脫我們控制的心理基礎。

家長的心練習

我們在這一節分享了關於控制、權力與讓渡，我們也不否定關係當中總是會有控制的元素。然而練習在每一個互動與溝通當中讓渡權力，則是我們可以選擇的態度。不妨試著從生活中的對話來覺察，當你想要透過權力來控制對方時：

1. 通常是什麼情境？
2. 你給出的指令是什麼？
3. 背後的情緒和原因是什麼？
4. 通常效果如何？你們彼此都滿意這個結果跟狀態嗎？
5. 對方從你的回應中學到什麼？有達到你的目標嗎？
6. 如果再來一次，這次用讓渡權力的角度，你會讓渡哪一些權力？讓渡出多少比例的權力？你會怎麼說？

教養心法 2

放下教養焦慮

過曝世代與父母的關係比起我們和自己父母的關係，來得緊密許多。這種緊密的連結，往往形成一種共生相依的狀態。儘管親子間綿密的關係有機會成為孩子安全感的基礎，然而過度的黏著也可能成為獨立自主的羈絆，當中的拿捏沒有什麼具體的指引，因為這就是關係的各種樣貌與本質。

有一個現象，是我在過曝世代的成長軌跡中，所隱約觀察到的親子議題，也是我想利用這一節，和讀者們分享的部分，請讓我娓娓道來。

我發現身邊的爸爸媽媽們常常處在焦慮瀰漫的氛圍中，不管是新手爸媽、學齡孩子的父母，或是青春期孩子的家長，對孩子狀態都有每一個階段的慌張與徬徨。處在這個各路教養專家、學派百家爭鳴，教養原則莫衷一是的年代，過曝不只發生在孩子身上，我們家長也深受影響。

家長社群的集體焦慮

在許多以爸媽為主的社群當中，常常會有家長（大部分是媽媽）不時丟出孩子的問題：

「想問一下，我的孩子五歲了，只要不順他的意或因為好玩，就推我或打我，溝通、打手、罰站都做過了，但他還是這樣，我好無力……」

「想請問一下，小孩都不喝發燒藥水怎麼辦？直接硬灌，他也會吐出來，就這樣反覆燒到快四十度，難道只能一直塞塞劑嗎？」

「請問媽媽們，小孩（三歲）如果不小心吃到水果裡的蟲，要怎麼辦？」

「請教大家如何訓練小孩的專注力？從公托到現在幼幼班老師都跟我說小朋友坐不住，在家也是超級活潑好動，我該怎麼辦？」

到了青春期的階段，育兒教養的問題並沒有因此減少，只是內容不同了，社群中常看到家長的這些提問：

「國中生一直在用網路，上課也是愛去不去的，實在管不動，有沒有這方面專業的心理醫師？」

「孩子現在動不動就頂嘴，我該怎麼辦？以前年紀小的時候覺得這樣很可愛，現在伶牙俐齒，還會背著我講三字經了……」

「小孩已經國中了，還是很不自律，週末我常常要上班，每次下班回家問他們在家都在做什麼，都說看手機跟電視，我也不知道怎麼辦才好……」

「我跟老公常常在教養上不同調，孩子對課業很敷衍，週末只想往外跑，我覺得至少要完成課業，老公卻嫌我管太多，但月考考差他也會罵孩子，很無言。」

隨著孩子年紀漸增，每一個時期所呈現的問題或困擾也不同。從這些網路提問中，我不只看到家長們內心的擔憂和焦慮，在焦慮背後，我也感受到一種由家庭內部所滋生的底層氛圍，讓焦慮更瀰漫擴散。這種氛圍是相當隱晦又抽象的，它是檯面上不會被說出，卻是每一個家庭問題形成的癥結之一。這也是我在和家長長期合作的過程中，常常會默默去感受和評估的面向，就是家庭的整體「動力」。

家庭動力與情緒

「動力」這個詞，很多人乍聽到時應該會一頭霧水，你可以把它想像成心靈流動的能量。因為人類的心理並不是固定不變的實體或狀態，我們的心靈一直是變動的，像是感受、情緒、看法、觀點等，並受到意識與潛意識影響。意識或潛意識的主題與內容，則和成長經驗有很大的關係。因此我們的心靈裡，不是只有自己成年後獨自的生命經驗，也有過去成長於家庭中的種種印記。這些隨著夫妻、伴侶結為連理之後，持續在雙方的意識與潛意識之間牽引互動。

而每一個人各自的心理狀態，又會牽動家庭其他人的心理狀態，這些不同的心理狀態彼此直接或檯面下隱晦的交流、溝通與互動的結果，形成了這個家庭主要的樣貌，以及核心的癥結，這就是家庭的動力。一個家庭的動力，往往是家中所有成員心理各自的狀態（包含意識與潛意識）互動之後，所共同形成的樣子。

舉例來說，有些家庭成員彼此之間看似合作，但成員之間的動力卻是凝滯的。比如爸爸和媽媽相處平和，爸爸每天準時下班，回家後會主動打理家裡的事情，做晚餐、洗碗等，週末也會和家人一起出遊；然而在很多媽媽想要和爸爸溝通的時刻，爸爸都會顧左右而言他，逃避媽媽的話題。又或是當媽媽對孩子做錯事情感到生氣、並教訓孩子時，爸爸總是在一旁不發一語，或是突然生起悶氣不理媽媽。在言談之間，爸爸總是把錯怪罪到媽媽身上，認為不應該對孩子這麼嚴厲。

這背後可能是因為爸爸看不慣媽媽對孩子總是太過在意，或是介入太多，並認為這樣會影響到親子關係。而爸爸之所以這麼介意媽媽對孩子的態度，可能是因為在他成長過程中，總是感受到來自母親的控制和期待，這種原生家庭的烙印讓他看到自己孩子時，潛意識就把自己童年所形成的壓迫記憶，投射到了孩子身上。當孩子被罵時，爸爸心中總是有一種很焦躁不安的感覺，彷彿又再度體驗到了被壓迫、被控制，而心身無力的自己。

然而一直被爸爸反對、否定的結果，讓媽媽的委屈無從消化。她很少再對爸爸說起孩子的狀況，或是讓爸爸介入孩子的教養。於是爸爸漸漸被消失在孩子的教養圈外。媽媽一邊承接起教養的責任，一邊抱怨另一半狀況外的同時，也讓自己的委屈得到了某種釋懷的平反。對另一半的不滿，會轉化成其他各種細膩的反應，像是把養育孩子的勞務性工作（如負責外出的交通）都交由對方處理。表面上是很合宜的分工，但背後不只是情緒的轉嫁，也傳達出不信任對方能夠做好其他事情的懷疑。

儘管媽媽身體與心理都處在相當耗竭而孤單的狀態，然而這種同時肩負教養、持家與上班的能力感，某種程度上滿足了媽媽從小以來，對自己缺乏自信的匱乏。她向同事抱怨、和閨蜜訴苦，她不相信丈夫能夠在育兒上做得多好，就如同在她長期以來的童年記憶中，從母親的臉色與言行，所意識到父親的印象一樣。

從這樣的故事當中，你會看到**一個家庭裡，有許多錯綜複雜的動力，在成員彼此的關係中不斷流動、相互影響，形成一個家庭中情緒的底層基礎，**這些也是最為隱晦而難以清楚說明的部分。而在過曝世代的家庭關係中，有一種動力對情緒的影響，是在前述脈絡下更為常見的，值得和讀者們分享。

孩子的表現影響父母價值感

我在過曝世代的家庭中常感受到的動力，是主要照顧者與孩子間一種緊密而黏稠的張力。我以前在當輔導教師督導時，在討論各式各樣的個案過程中，常常會隱隱約約看到這種主要照顧者與孩子之間，很緊密的連動關係。這種緊密有時候會讓我感受到兩個人的價值是綑綁在一起的，像是一種等號：**你表現好就等於我教養得好。**

在接下來的舉例中，我會以在台灣社會較常見的角色分工為主，通常在這樣的結構下，主要照顧者多半是女性、母親的角色。

一個女人成為母親之後，在這個孕產、育兒、顧家的過程中，不知不覺隨著角色的轉換與改變，逐漸失去自己原本的面貌。她從原本的獨立個體，成了某人的妻子、某人的媳婦、某人的母親，這些新的身分某種程度上雖然是重新萌生的關係，但同時也是一種失去自己的過程。在這個過程中，身為獨立的個體，她自己的需求並沒有消失，仍然是存在的；她想要認為自己是好的、想要被認同是有能力的、想要覺得自己有價值，這些需求還是需要被看到。

有時候這種內心的需求會在無意識間投射在孩子的狀態或表現上，並且由孩子的狀態或表現，反過來呼應家長內心的需求。她不表達自己的需求，但把對自己價值的需求透過孩子來代為獲取。而屬於她自己原本的部分，就在這個過程中慢慢變得不重要、不需要了。所以許多媽媽都知道孩子愛吃什麼、班上導師是誰、座號幾號；但孩子、甚至另一半都不知道媽媽愛吃什麼，有時候媽媽自己也在這個過程中忘記了這些。

因此，很多家長之所以對孩子的表現感到焦慮或在意，有時候是因為那是她身為母親之後，剩餘不多的價值來源。加上整個環境都有意無意的認為那是母親的責任，她不斷被周遭的環境、社會的主流觀點暗示，孩子的所有一切：健康、發展、心理，乃至於成敗表現等，都和自己的教養有直接而密不可分的關係。主要照顧者的角色以及被賦予理所當然的責任，在這整個世代的文化暗潮中，逐步吞噬了她原本身為獨立個體的角色，這種身心背離的狀態，往往也是另一個焦慮與無力感的深層來源。

這種綑綁價值的等號在以前並不是沒有，但是你會發現在網路過曝時代，看似多元的社會樣貌背後，我們對於主要照顧者在育兒的期待、角色的責任、賦予的標準並沒有隨之鬆脫。不少人藉由婚姻或伴侶諮商、個別諮商探索，從中爬梳自己過去到現在的生命經驗與脈絡，在關係中的連動與影響，從中找到安頓與觀照自己的狀態。

對於許多家長來說，在教養的過程中，如果能夠慢慢試著意識、覺察自己心裡那一整團焦慮的背後，可能摻和著自己身而為人的失落、期待、擔憂，以及身而為家長對孩子的各種徬徨，還有成長經驗中種種未曾意識而隱藏的議題，有時候便能慢慢找到在心中安放的位置，也為自己帶來一份餘裕。

這些焦慮其實也不斷在提醒我們：你是先成為一個人，才成為一個母親或父親。

家長的心練習

請試著提醒自己：

1. 我願意為自己覓得一刻專注的時光，好好呵護我的身心。
2. 我願意試著凝視來自內心的擾動，以及負面耳語的呢喃。
3. 我願意傾聽內心的指引，允許它引領我朝著渴望前進。
4. 我願意嘗試保持開放，讓更多的愛進入我的生活。
5. 我願意暫緩內心對自我的批判，不事事苛求自己。

教養心法 3

孩子犯錯時，避免引發羞恥感

和大家講個小故事，這個故事我曾經分享在我和鄧惠文醫師主持的親子天下 Podcast 節目《關係相談所》。

我還記得小學六年級的時候，那個年代小學生上學的基本服裝，就是頭上都會戴一頂黃色的飛碟帽，帽緣前面有學校的校名徽章。男生要穿白色的制服、黑色的短褲，以及白布鞋，揹著大書包。

我家離學校比較遠，每天都要搭將近二十分鐘的公車才會到校。當時我長得比較高大，加上臉比較老成，所以外出時經常被誤認為是國、高中生。你可以想像一個高中生穿著小學生的校服，畫面差不多就是那種落差中透露一種不對勁的違和感。

由於我三年級就開始搭公車上學，因此值班的司機先生都認識我。有一天上學時，我看到公車司機換人了，不再是先前那位熟悉的叔叔，當時我沒多想，找了個位子便坐下。車子到站、車門打開後，我投完零錢準備下車，司機先生卻突然把門關上，對著我說：

「你要投成人票，不能投學生票。」司機很嚴肅的看著我。

「蛤？」我那時一時意會不過來，只是愣愣的待在車上看著司機。大概是看我沒什麼反應，司機這次仔細又嚴肅的說了一次：

「你這個年紀不能投學生票啦！你要投成人票，你要再補錢。」

當時聽完司機先生這麼說，我腦袋裡只有一片空白。因為我完全不知道該怎麼回應，事實上我根本不知道發生了什麼事情，過去三年來，從來沒有司機要求我補票，而且竟然還是因為年齡的關係。

正當我還愣在原地時，司機看我不打算付費，就準備開車離開。我心裡感到一陣焦慮和驚恐，嘴巴張得大大的，卻什麼都說不出口，只能眼巴巴的看著車子緩緩前進。這個時候，一位阿姨突然從後面走向前，指著我對司機先生說：

「人家只是學生，不用為這個麻煩，我幫他付差額就好了。」

說完，阿姨就從口袋裡拿出了四元，投進零錢箱裡。當時年幼的我，看著阿姨的背影，有一種說不出的感動，瞬間覺得我從地獄被拉回了人間，心中的震驚和焦慮也因此緩和下來。看著阿姨投完錢轉過身，我心懷滿滿的感激正要開口向她道謝時，阿姨溫柔的看著我，並說：

「你下次不要再這樣囉！」

「……」

下車後，我愣了半晌，才慢慢意識到阿姨這句話的意思，她也覺得我是為了省成人票的票錢，而將自己裝扮成小學生的模樣？這真是我前半段人生裡，難以抹滅的深刻回憶。不過，當時伴隨著這種慌張的情緒之外，其實還有一種很難言喻的感覺：一種非常丟臉又難堪的感覺，也在我心中蔓延開來，並且在下車後開始籠罩我的全身。這個感覺，便是「羞恥感」。

羞恥感，是我事後深陷其中的一種情緒，相當的不自在也不舒服。羞恥感，也是許多人不陌生的情緒，它常常發生在意識到自己做錯事情，覺察到自己很糟糕、很不夠格的時候會有的一種負面感受。有關於羞恥感這個情緒，也是我想和大家一起聊聊的主題。從小到大，我發現我們常常在犯錯這件事情上，和羞恥感有很常見的連結，且它對我們帶來的影響，比想像得還要大。

羞恥感 vs. 愧疚感

做錯事情，幾乎是我們生活中的日常。而犯錯時的感受，普遍會有兩種情緒反應，一種是羞恥感（Shame），一種是愧疚感（Guilt）。**心理學的研究發現，我們是不是能夠承認自己的錯誤，往往是心中的愧疚感所促發的結果**；會讓一個人意識到自己做錯了事情，造成別人的傷害（困擾），因此願意道歉來彌補這種傷害。但若我們面對錯誤，心中出現的是羞恥感的話，像是覺得自己很糟糕、很壞、很不好、很沒有價值、很丟臉時，我們可能會想要逃避面對自己的錯誤。

這兩種不太一樣的情緒主體，通常會引發不太一樣的感受，以及不一樣的回應方式。

在東西方，這兩種情緒的文化基礎不太一樣。在我們的文化裡，相當強調「羞恥」這個概念。孔子說：「知恥近乎勇。」孟子說：「人不可以無恥、無恥之恥，無恥矣。」許多學校校訓裡也有禮義廉恥。我們說一個人的品行很糟糕，會用無恥來描述；在責備人的時候會罵：「你有沒有羞恥心呀！」

羞恥感常伴隨丟臉的感覺

如果再順著這個邏輯往下多想一點，這種羞恥的表達更多時候是很口語的，像是「不要臉」、「你這個人怎麼那麼不要臉」、「臉都給你丟光了」、「帶你出來玩你還給我丟這種臉」。

這類表達對羞恥感的描述，好像有一種著重在他人對你這個人是什麼觀感的「視覺」狀態。這是什麼意思呢？看看下面這句話：

「你看你做的事情，這樣很丟臉你知道嗎？」

仔細想，「臉」這個部位的意象是給別人看的，是我們在任何人際互動中，第一個呈現於大眾前的整體印象。所以這句話延伸出來的味道就像是：「你這個人很糟糕耶，別人看到的都是你很不好的一面，你可恥呀。」

羞恥還有一種「視覺」上的方向，是一種個人以團體為本的相互牽制，一種「他人眼光決定你價值」的概念。簡單來說，就是「別人怎麼看我，是我羞恥的促發來源，你看我的方式，決定了我有沒有該羞恥的內容，以及羞恥的範圍」。這種讓你站在所有人面前，被公審、被發落、被評判的形式，就是在眾目睽睽當中，把羞恥的情緒經驗帶進你的文化人格裡。這種恥的情緒引發，是一種「由外而內」的過程，跟我們前面討論的愧疚感是「由內而外」的注意力過程，有點相反。

「恥」的情緒經驗與文化，讓我們特別在意別人的目光，那種目光當中透露出了對我們的評價。別人怎麼看我，我的成敗、我的結果、我的行為是否符合適當的標準，是他人的評價，不是我內心對於「對錯本質」的辯證跟譴責；在別人看不到的地方，這種羞恥感減緩了，行為本身就失去了規範的力道。

所以很多時候我們在面對孩子哭鬧時，最窘迫的情況往往不是在家裡，而是在大庭廣眾之下，我們不滿的情緒裡，會參雜一種丟臉的感覺，然後就會說：

「你看你做的事情，這樣很丟臉你知道嗎？」

背後大概就是：「你這個行為，看在大家眼裡，會怎麼被評價你知道嗎？」「真是太丟人了，你不只丟自己的臉，還把我的臉也丟光了，所以你不能表現這種情緒，你要為我的面子負責。」

為何人會「見笑轉生氣」？

看到這邊，你可能不禁好奇的想問，羞恥感對做錯事情的影響是什麼呢？

首先，一個人在有了「我」的意識之後，就會開始發展出想要維護「自我完整性」的傾向。但是當我們做錯事情時，本來就會對自尊造成威脅；加上我們在文化中被制約而引發的羞恥感，更加大了自我完整性的破壞，戳破我們的自尊泡泡。台語「見笑轉生氣」，就很傳神的說到這部分，見笑就是羞恥，生氣是為了包覆見笑，所以為什麼生氣，是因為碰觸到自己很糟糕的部分。

在恥文化下長大的孩子，往往很難應付丟臉的情況，因為那是自我的破裂，而且是在眾目睽睽之下。關鍵在於這種自我破裂和眾目睽睽連成了一種「由外而內」的制約系統，所以我們極盡所能的逃跑（各種形式上的逃跑），不只孩子，大人尤其會。我們說要給別人台階下，就是避免羞恥感把對方逼到狗急跳牆的死角。

所以在職場上，或是大人之間，有時候對方可能知道自己做錯了，但他用的方式是討好，故意來跟你說話、來籠絡你，這些行為全都是回到關係的表面和諧，是放在自己能保有多少面子來思考的，因為保有面子就能迴避羞恥感的威脅，能保有微薄且表面的尊嚴。尤其是很自卑的人，或是很在意別人對自己看法的人，往往更難以接受自我的破裂，會極盡所能的逃跑。所以他可能知道自己做錯了，會送東西討好你，會很客氣又熱絡的和你聊天，但就是不道歉。就算理解到自己造成了傷害，有了愧疚感，但是羞恥感同時讓他害怕自尊破壞，有點像是踩在鋼索上。於是有的人寧可不踏出任何一步（選擇逃避），甚至用更大的憤怒來包裹自己的面子，也不想讓自己矗立在羞恥感威脅的風險當中。

引發羞恥感或愧疚感的表達

羞恥感是怎麼從教養與生活中引發的呢？

比如說孩子週末跟朋友出去玩，原本答應你五點要回到家，結果六點才回來，這時候你可能很生氣，也很有情緒，我們一般的反應會是：

「為什麼那麼晚才回家？你看看現在幾點了？出門就不管別人了是

不是，話從來都不認真聽，一出門別人最重要，你這個人怎麼就是這麼自私？」

這樣的回應，如果被責備的是你，應該也會有一種被貶低的感覺，因為似乎說的是你這個人很不好、很糟糕，這種心理羞恥的感受，會讓我們處在很低落的感覺，然後會做出很多逃避的動作，為什麼會這樣呢？後面再來說明。不過我們現在知道，**避免貶低一個人的價值是很重要的，因為與羞恥感有關**。

那，愧疚感是怎麼引發的呢？

愧疚感指的是知道自己的行為與後果，對別人造成的傷害（或困擾），而引起的一種感受，所以重點是孩子造成的傷害本身。同樣的情況，孩子錯過了回來的時間，如果你的說法放在孩子的行為如何造成家人的困擾，孩子可能會比較願意彌補過錯。

「你沒在約定的時間回家，我們很擔心你，不知道你會發生什麼事情……」

清楚了羞恥感跟愧疚感的差別之後，我們或許在回應孩子時，就知道該把重點放在哪。不過與情緒勒索不同的地方是，情緒勒索是刻意透過製造對方的愧疚或壓力，意圖用這個方法挾持對方的自主權，來順應自己的需求或欲望，而沒有任何教育的成分在裡面。這和我們對於愧疚感的討論，是很不一樣的出發點。

恥文化對過曝世代的影響

既然我們都想要保有自我的完整性，或許讓「脆弱」也能成為自我完整性的一部分，會是一個開始。

陪伴與教育孩子慢慢學著接受自己也有脆弱、害怕以及無助的一面，要做到這一點，我們就要試著不再拒絕或抗拒孩子表現出的脆弱行為，把類似「哭什麼哭，你是男生（你是大哥哥、大姐姐），不能哭」、「你怎麼這麼膽小呀？」這樣的話拿掉吧！儘管我們大概無法改變社會強調積極、堅強、勇敢的主流氛圍，**但我們可以覺察自己是否把脆弱當作一個否定孩子的標準**。

試著跟孩子（甚至自己）的脆弱站在一起，就是學會接納孩子（或自己）的開始，也是可以更有餘裕面對孩子（或自己）不理想、不堅強的開始。

我們在教養孩子時，引發的是愧疚感還是羞恥感？我們接納孩子以及自己的脆弱嗎？

近年來，許多強調接納情緒的課程、文章越來越多，我們現在慢慢體認到，好像脆弱不是太壞的事情，了解生氣背後原來還有很多深沉的情緒，像是無助、失望等，這些陌生的情緒詞彙一下子跳進了我們的大腦中，鬆動了很多過去我們碰不到的經驗層面，只是其中鮮少從羞恥的文化視角切入。

過曝世代孩子在過去這種恥文化的框架下，透過網路社群不斷被他人觀看、陷入他人的評價中，是否會更容易形成對他人評價與恥的連結？一種擔心在他人面前丟臉、失敗、出糗、尷尬的恐懼？而過多對他人目光的恐懼，是否也不斷在扭曲他自我內在的形象呢？

所以，回到教養裡思考關於過曝世代與恥文化的影響時，或許我們能夠有一些理解跟思考。如果你覺察到自己正是在恥文化中長大，並且深受影響，在面對孩子擔心或過度在意他人的評價、情緒失控或逃避挑戰時，我們會知道那種深陷被他人評價的恐懼是如何造成心理煎熬。你可以基於這種理解，試著好好接住孩子對這種評價的恐懼，並試著不再引發更多類似的焦慮。

家長的心練習

試想一下，當孩子犯錯時，以下兩種大人的反應，給孩子什麼樣的感受：

反應一：「丟臉死了，連這都做錯！」「帶你出來，你在那邊給我丟臉！」「你看看別人怎麼看你，真是糟糕！」

反應二：「你這麼做，我會很困擾。」「你這麼說話，會傷到他的感受。」「你覺得受傷的感覺是什麼呢？」

這兩種反應，帶來的感受似乎不太一樣。前者的情緒通常會是「犯錯是很丟臉、很令人討厭的形象」，孩子的注意力停留在自己身上，會試圖想遮掩這些傷害；後者的情緒比較會是「犯錯造成他人的傷害，是需要修復的」，孩子的注意力一部分在自己不好受的感覺，一部分也會注意到對別人帶來的傷害。你認為哪種情緒比較會讓孩子願意面對錯誤呢？

教養心法 4

跳脫「學不好＝不聰明」的框架

過曝世代有一個特色，對於自我的評價低落，同時又害怕失敗與挫折，不太願意主動嘗試。在長年觀察了孩子們學習的現象之後，我覺得要理解孩子們的這個心理，可能需要回到學習這件事情上審視。有些人覺得孩子們的「心理韌性」不足。

提到「心理韌性」，不少人想到的是要建立自信、多鼓勵、提供成功經驗等。但當我們把場景拉回到現實世界時，你會發現真實的社會往往有太多「必然」的挫折要面對，**而這些挫折的本質，並不是透過單純的鼓勵或是肯定就能奏效。**

細心的朋友可能會發現，我在《心理韌性》一書中，特別強調學業這一塊的表現，為什麼呢？我想要從一本書以及一位作者談起。《翻轉過動人生》作者、哈佛教育學院學者陶德．羅斯（Todd Rose）曾提到，孩童在整個體制內的學習階段，勢必會面對一個現象：「平均值」。

平均值背後的問題

平均值是我們常用來看待世界各式各樣訊息的一種統計方法，這個方法可以幫助我們面對混沌的世界時，能夠有一些規則與理解。當我們把群體中每一個人的各項表現、訊息全部加總起來，然後除以總人數，便可以得知這個群體在某一項表現的整體水準，比如說同一個學校的第二次段考數學成績，七年一班平均值是六十三分，七年二班平均值是七十六分，透過這樣簡單的比較，我們就能看到不同班級在數學上的表現差異。

既然這種統計方法是把所有人的表現都加起來平均，勢必就會有高於平均值的人，也一定會有低於平均值的人，這是統計法的必然，那它會產生什麼問題呢？

在學習中，透過「平均值」，我們可以了解大家的學習品質如何，得知誰學得比較好、誰學得比較落後，進而提供教學資源挹注的參考。然而這種統計上的數值，無形中已變成我們價值評判的標準。

成績高於平均的孩子，我們傾向直覺認為他是厲害、聰明的；與平均差不多的孩子，是一般、普通、平庸的；低於平均

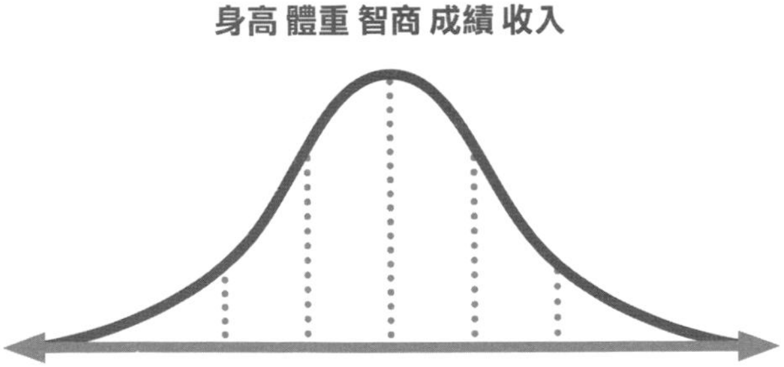

的孩子，則是不如人的。長期下來，不只大人這麼看待，連孩子都會被這個制度催眠，而越來越堅信如此。

平均線下的孩子

各位不妨猜猜看，在這樣的思考與氛圍下，一個像是下圖中，長期處在平均線下的孩子，會如何解讀自己的學習狀況？

(A)我不夠努力。

(B)我沒有興趣。

(C)我不夠聰明。

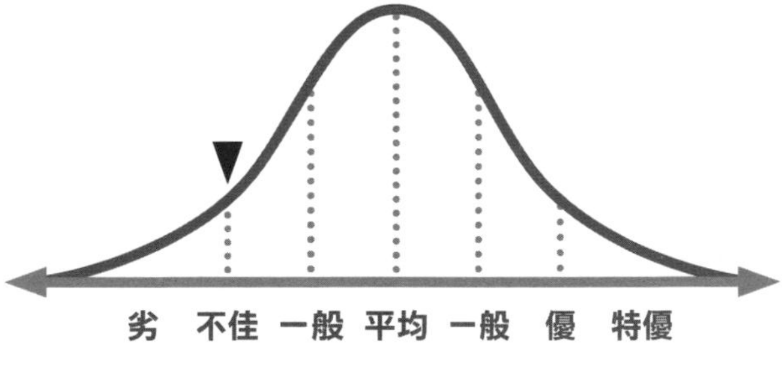

你覺得是哪一個呢？就我們長期在學校的觀察，通常孩子學習不理想，心裡面都傾向會認為是因為自己不夠聰明，但要說出因為自己「不聰明」，所以功課表現不好，其實是相當傷害孩子自尊的一件事情，所以大部分的孩子為了找台階下，讓自己的自信心跟自尊不至於受到太大的傷害，你猜猜看他們普遍會怎麼解釋呢？

(A) 我對讀書沒能力。

(B) 我的努力還不夠。

(C) 我對讀書沒興趣。

我們發現，大部分的孩子在學習上得到挫折，往往會推稱自己對學習沒興趣，所以不值得努力。這其實是一件非常矛盾的事情，因為他內心明明覺得是自己不聰明，才導致學習表現低落，然而他給出的解釋，卻是因為自己沒興趣，這中間顯然有矛盾。之所以如此，我們發現有幾個原因：一是當孩子用「沒興趣」作為解釋時，他既可以避免自尊受到傷害，又可以不用面對一直受到挫折的科目；再來是長期在學習上的低落表現，也會讓孩子處在相當無力且否定的狀態，久而久之自然就對學習失去了興趣。所以**當孩子說他對讀書沒興趣時，一部分除了是為了避免自我否定，另一部分，他的確也因為挫折而失去了動力。**

而我們身為家長，在聽了孩子的理由之後，為了安慰孩子，幫助孩子建立自信或是放輕鬆，我們會試著鼓勵他：

(A)有努力就好。

(B)下次再試試看。

(C)考不好沒關係。

你猜猜看，哪一句話對孩子來說，能夠達到真正撫慰的作用？

對孩子來說，我們發現，上面的每一句話都對孩子心情的平撫有幫助，但如果再往下探究，又會矛盾的發現，每一句話都會讓孩子的內心仍然相信他的表現不佳，是因為自己不聰明或無能所導致。於是這造就了一個現象：不管我們如何好說歹說安慰孩子，到最後都會等於沒說。孩子勉強好了一陣子，然後又繼續擺爛、推託、逃避。因為我們的回應並沒有改變孩子內心的認知。

學習等於智力？

為什麼呢？因為孩子的核心議題是：他深信在這個體制下表現不好，是因為他「不聰明」；長期處在這個體制下，我們都在不自覺中被催眠，深深的相信：學習等於智力。

所以不管家長怎麼安慰，多半沒有解決孩子心中對自己的懷疑：「學習不好是因為能力不好。」那我們該怎麼辦呢？對於大人來說，有一個思考維度上的升級：**跳脫舊有框架，重塑學習意涵**。

我們長久處於「平均值」的體制下，心中不免形成一道隱晦的框架，認定「學習等於智力」，並以它進行價值判斷，使得孩子無法獲得真正的幫助，錯過重新定義自我價值的機會，孩子也因為不斷累積的挫折，最終選擇放棄，十分可惜。為了跳出過去傳統單一的框架，我們可以重新思考，在現今的社會，甚至未來，如果學習不是只有等於智力，學習會等於什麼呢？

學習＝？

答案大家可以自由發揮，想到的都可以先試著列出來，或是統整成一個最主要的核心概念，你認為學習等於什麼？對於已經出社會好幾年的我來說，學習這件事情用比較寬宏的角度，應該是：學習等於「你爸是誰」。

因為你爸是誰，決定了你這一路上有多少資源可以運用，不管是全家旅遊增加見識、學習各種才藝活動、擁有各種學習資源與管道、選擇環境中的朋友與學區等，這些都會影響最終學習的結果。不過，這麼說太過著重在本身具備的資源，而忽略了個人能夠改變或成長的角度。

因此，在這邊我們要再一次借用成長型思維的概念，幫助我們跨出慣性的思維，重新意識到學習並不等於智力，而是發掘出每個人各自獨特的優勢能力，以及掌握到適合自己的學習策略，這兩個核心的概念可以說是學習的主要內涵。因此，學習不再只是單單等於智力這樣非常有局限性的答案，而是：

學習＝優勢能力＋學習如何學習（學習方法）

在這個公式中，「優勢能力」指的是在不同的領域中，孩子喜歡或擅長的項目；而「學習如何學習（學習方法）」則是這個公式的核心。

每個人適合的學習方法不盡相同，因此，考試的真正目的，不在於成績數字，而是用來檢視學習方法是否有效的工具。數學考不好，不是智商不夠，是沒有找到適合自己的學習方法，要放棄的不是數學，而是之前學習數學的方式。

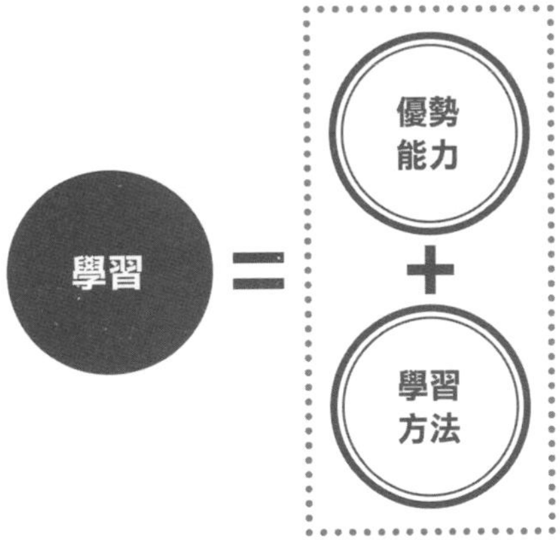

所以當孩子在學習過程中遇到挫折，想要放棄時，我們可以知道幾件事情，第一，青春期的孩子，內心本來就會處在矛盾而衝突的待整合狀態（自我期待與自卑心態）；同時，在長期常態分配的學習模式下，學習挫折的孩子內心深處都會認定自己不聰明，而懷疑自己的能力。知道這兩點之後，我們就可以理解，跳脫這個「學習＝智力」的框架是重要的。

重建孩子的自我價值

因為當你跳脫這個框架，而採用優勢能力、學習如何學習的觀點重新看待學習時，就等於將學習與智力之間的關係脫鉤。對孩子來說，他會意識到一件事，**學習的結果不如意，大部分時候並不是因為自己不聰明，而是因為在自己不擅長或非優勢的領域中，用了不適合的學習方法**，比如：

「我對數學吸收比較慢，而我的策略是不斷刷題（大量寫測驗卷）、背題，這樣可能可以應付小考，但是到了大考就直接掛點。不過這並不是因為我是數學白痴，而是因為數學並非我的強項，更重要的是，我用了錯誤且不當的方法在學習數學。」

一旦孩子從這個角度來理解自己學習上的失敗時，就比較不會陷入「因為我不聰明，所以老是學不好」的思考陷阱裡，而是學會意識到：「數學對我真的是不簡單，因為我的優勢能力不在此，所以我需要調整學習方法。」在這樣的思考習慣培養下，我們也偷偷在孩子的思考當中，建立起他的自我價值（我有優勢科目，學不好不是笨，而是因為沒有掌握到方法），同時將焦點放在學習方法的嘗試與摸索。

在實作上，學習如何學習指的是「你過去用什麼方法學習這個科目？如果一直沒看到效果，請確實的改變策略，並且觀察新策略執行的結果。」

比如說，孩子的歷史常常考低分，而他準備考試的方式是考前看一遍課文、刷一次測驗題而已，事後孩子再用「我就是理科腦」、「要背的我記不起來」等理由來敷衍，但明眼人一看就知道他用的顯然是很沒效的讀書方法。

我們可以跟孩子討論先前的方法為何沒效，建議他試著寫筆記，並且在每次上完課的兩天之內完成，筆記的內容要包含主題、重點摘要、感想等。然後請孩子每天將執行的結果讓我們檢核，直到很確實的落實為止，接著就是追蹤孩子進行的狀況。

這樣的態度一旦奠基在孩子的內心，日後不論他在課業、職場、人生的挑戰當中遇到困難時，**新的認知會讓他反思自己學習的策略是不是要調整、方法是不是要更新，而不是懷疑自己天賦不夠，所以失敗。**這對於過曝世代孩子來說，是自我認同很重要的培養基礎。而在這個部分的自我認同打好底子之後，自然有機會整合出更堅韌的心理強度。

家長的心練習

爸爸媽媽在面對孩子學習低落時，可以參考使用我們建議的學習公式：「學習＝優勢能力＋學習如何學習（學習方法）」，和孩子一起討論在面對學習、準備考試時，是怎麼準備的、用了什麼技巧、怎麼規劃時間等。這些討論能提供孩子一個新的角度看待自己，跳脫「學習＝智力」的框架，回到技巧、策略上的調整。

第 4 章

先覺察，再解決問題

孩子因為社群人際困擾、網路沉迷、手機管教衝突，而引發情緒化的反應，是許多過曝世代家庭正在面對的難題。帶領孩子覺察自我，爬梳原因，更有機會找到因應情緒的方式，帶來改變的可能。

當孩子因社群人際關係鬧情緒……

就像我們在前面章節討論過的，過曝世代孩子大部分的人際關係，在現實中發生，並在網路中延續。網路無邊界的特性，常常會放大或是更加渲染我們的情緒反應，比如某個不認識的網友對你的留言提出質疑，而你回覆之後卻得到更多的冷言冷語，這就會讓你的情緒受到很大的影響。當這種情緒是因為人際關係而起的時候，網路也會放大我們的反應。比如我感覺某個同學似乎對我變得冷淡了，然後我發現以前他都會回覆或按讚我的ＩＧ限動，但這次他明明有看到、卻沒有任何反應時，我的心情就更加低落、不安。

加上青春期孩子自我認同的不穩定、內心自我期待與自卑心態的衝突不斷，讓他們對關係的變動非常敏感，動不動就懷疑或擔心自己是不是被冷落或不被喜歡，常常會因為別人小小的改變而引起情緒。

所以很多時候，爸爸媽媽會覺得莫名其妙。明明孩子前一刻還好好的，下一刻就跟朋友因為芝麻大的小事情翻臉、冷戰或是衝突。對處在青春期的孩子來說，人際關係真是一個無法預測的試煉場。每天上學要應付考試、作業已經夠辛苦了，如果和朋友的關係又有變動的話，心裡真是滿疲累的，以至於不少人一旦人際關係出現問題，連帶就影響到課業學習。尤其人際關係總是發生在現實與網路的各個面向，盤根錯節又交互影響，就算你試著問孩子發生什麼事情，孩子也不見得說得清楚，你只知道他可能跟班上的某某某鬧脾氣，但原因難釐清。

當發生孩子和朋友感情生變、被同學誤會或是各種原因而影響到關係時，該怎麼辦呢？

先聽孩子怎麼說

有關孩子遇到人際關係的問題時，最基本的原則就是先讓孩子試著把情況說清楚，我們暫時不用管怎麼解決、能不能解決。很多時候孩子因為一些變動而過度擔心或焦慮，以至於失去頭緒，讓他慢慢把事情說清楚除了能幫助我們理解來龍去脈（不過通常很難完全釐清），**同時也能幫助孩子在表達當中，重新覺察自己的狀態，並且爬梳其中的原委**。

不過，爸爸媽媽也要知道一件事情，青少年之間的人際變化，通常非常幽暗隱晦，背後有很多複雜的力量在相互牽引、投射跟拉扯。因此你在表面上看到的，有時候真的沒什麼明確的緣由或是道理。比如說孩子之間的冷戰，不見得都是因為吵架或是意見不合，也有可能是因為太過在乎對方、容不下他人的存在。像是我的好朋友看到我跟其他同學走得太近，這讓他覺得自己在我心中的重要性下降了，擔心我們的關係可能生變。為了測試我到底在不在意他，或是想搶回我對他的注意力，便故意冷落我、不跟我說話、不回應我，直到我覺得不太對勁，然後開始關心他。像是這樣千絲萬縷的心思，往往在關係中很難說出口，也就很難被理解。

所以當我們在聽孩子訴說人際中的困擾時，請記得，有時候檯面下的原委可能比我們想像得還要曲折拐彎，所以不是幾句簡單的「不要理他」、「事情沒那麼嚴重」、「過去就沒事了」就可以安撫。總之，先專心聽，我們在聽的同時，記得也把這些小心思放進去思考。

聽聽老師的觀察

老師通常是比較知道客觀事態或狀況的人，因此透過老師的協助，也許能掌握事件的相關線索，還原事情的「可能」經過。之所以說「可能」，是因為如同前面所說的，關係中的互動除了表面上看到的，有更多是心理的暗潮洶湧。所以透過老師幫忙還原事件線索，主要能協助我們理解孩子在其中的心路歷程，讓整起事件的樣貌更加立體而完整。

不管是聽孩子或是老師說，請別把孩子的人際關係視為小事，因為「關係」一直都是孩子在這個心理階段的發展大事。

分析局勢、盤點資源

在聽完孩子的人際問題之後，我們可以進一步用「分析局勢、盤點資源」的方式來「安慰」孩子。

一、將人際關係的局勢視覺化

人際關係就像是棋局，你所下的每一步，都會影響到整個局勢的發展。所以它不是單一線性的屬性，而是一種多維度的動態發展。但我們常常很容易就把它看成線性的狀態，所以才會給出諸如「不要理他」、「事情沒那麼嚴重」的直觀建議。

我們之所以容易把人際關係看成線性的單純，一部分原因是被語言所限制。由於我們在說話或表達時，一次只能說出一句話，而且是一個字、一個字的說，因此只能把複雜而抽象的多維度世界，硬生生切割成一個字串、一個字串的簡易概念之後，再塞進有限的文字表達出來，於是事件中繁雜的訊息便在過程中大量流失。

語言的這種屬性，讓我們形成單一的線性思考，而失去對關係樣貌的理解。分析局勢，則是讓我們從語言的線性思考中解放出來，跟著孩子一起看到關係中盤根錯節的部分，重新審度局勢。

分析的原則其實很簡單，就是盡量把每一個在這起事件當中的人物、彼此的關係、心理的狀態等，刻劃得越具體、越寫實、越符合人性、越清晰越好。你可以拿一張紙，在紙的中央畫一個圈圈代表孩子，然後從核心的圈圈開始往外延伸，事件中不同的人用其他的圈圈替代，再將這些人彼此的關係強度、交情、矛盾、心結、利益關係、檯面下的資訊等全部列出來。當所有相關的資訊都列出來之後，我們就可以幫助自己理解孩子的狀態，同時也幫助孩子用視覺的方式，將原本混沌抽象的關係做了清楚分明的勾勒。

當用視覺的方式把關係中幽暗隱晦的心思標註出來之後，孩子心裡比較會有方向和理解，連帶就比較能夠安定一些，也比較知道下一步可以怎麼做。就算我們評估的方向可能與事實不符，但是在這個過程中，已讓孩子學到面對複雜關係時，抽絲剝繭、形成假設、驗證假設的思維方法。**這種用視覺的方式呈現抽象而複雜的關係，有時候也有緩解焦慮的功能。**事實上，你也透過這個爬梳跟整理的過程，理解孩子對班上人際關係的在意跟掌握。

二、盤點人際特質中的優勢面向

當我們把孩子生活中的關係局勢勾勒出來之後，接著就是盤點孩子擁有的資源。這裡的資源指的是各種你覺得有助於孩子自尊的面向都可以列入，包括課業、體能、師生關係、人際隸屬團體、人際特質中的優勢面向等。

其中「人際特質中的優勢面向」指的是你認為孩子所具備的特質，這是特別重要的部分。這裡說的優勢，比較像是本質的呈現、良善的回應、利他的舉動等，比如說孩子對事情總是有很獨到的見解、對人總是有很單純的相信、對關係有很敏銳的感受，這些都可以透過我們從「資源」的角度回饋給孩子的評價。當我們在幫孩子整理這些人際特質的資源時，我們也會列出這些資源發揮效用的形式，以及利弊與防備。

比如說孩子對人有一種單純的相信，我們會讓他知道，他的特質在建立關係時少了猜忌與懷疑的心理成本，別人更容易感受到孩子的真誠；然而對於自私或是自我中心的人來說，也會利用孩子的特質占他便宜。因此防範的方式並不是要孩子對人事事防備，而是先學習如何判斷一個人值得信任。我們帶孩子盤點的這些內外在資源，最後會成為孩子穩定的來源，他知道自己在關係當中是有依靠的、有憑藉的，而且也是有掌控感的。事實上，**當你在為孩子盤點這些資源時，其實也是變相的在建立孩子的自我認同感。**

當盤點完孩子的各種資源之後，我們就可以依據這些資源來想定可能的應對策略或方法。例如前面的例子，當我意識到朋友可能正在刻意冷落我的時候，而我透過分析局勢，檢查所有可能原因，還是找不到答案時，一方面比較能排除是自己的責任，心裡比較安心；另一方面透過盤點資源，知道自己具備一定的人際優勢，對方不太可能無緣無故就和我交惡，更會讓我心裡比較篤定一些，接著再去尋思可能的破冰或是化解之道。

支持與陪伴

過曝世代的人際關係，有著比我們以前更加複雜而詭譎的面貌，當青春期的孩子在其中經歷著各種變動時，大部分孩子的內心都不太好受。身為父母，儘管我們都很想為孩子做些什麼，但往往又感覺彼此好像距離遙遠，只能在一旁乾著急。

回到關係的本質，其實無須什麼專業知識或高深技巧，有時候單純的陪伴，便能為孩子帶來療癒，並且遠比治療師能做得更多。而陪伴的核心無他，專注當下就足夠了。

當孩子成天只想上網……

對於可能重度使用網路的孩子來說，如果再繼續毫無節制的放任下去，將會影響到孩子生活的各個面向。因此當你發現孩子的網路使用已經影響到他該有的表現時，就必須要正視這個問題。

我們對孩子的網路使用，除了擔心沉迷的問題外，另一個更重要的角度是：**試著理解孩子用網路來逃避什麼，或是獲取什麼？**

比如有的孩子一直在滑手機，都是在看社群上的動態，在掌握朋友的近況；有的孩子是一焦慮就會藉由上網紓解壓力；有的孩子上網是為了逃避關係中的孤獨感等。每一個孩子重度上網的現象背後，都是現實中遇到困擾或問題的結果。

釐清沉迷原因

孩子之所以頻繁的關注網路內容，除了網路容易吸引注意力以外，另一個原因多半是對目前個人問題的逃避與抗拒面對。當他出現難以消化的情緒（比如焦慮、擔心、委屈，甚至無聊）時，就會把網路當成媒介，試圖減輕情緒的困擾。

因此我們在面對孩子使用網路的問題時，除了要處理網路本身的重度吸引力外，最核心的議題就是要試著釐清：什麼原因讓孩子不斷想要使用網路？其他還包括孩子都在什麼時候用網路？想到什麼事情的時候會用？用的時候，原本的問題（比如寫作業的煩悶）有沒有減輕？用完之後，原本的問題有沒有真正解決？（比如壓力雖然暫時放鬆了，但原本想要逃避的課業或作業，有因為網路而解決嗎？）

透過釐清這些問題，我們也能幫孩子自己意識（或是覺察），他上網一方面除了玩樂以外，一方面也是把網路當作處理情緒的手段，背後可能反應出他面對困境的無力感。而這些是需要我們嘗試理解的面向。

反向作用法

如果你觀察孩子過度沉迷在網路遊戲，且影響到其他方面的表現時，除了釐清沉迷的原因外，還可以採用「反向作用法」，做法如下：

一、讓遊戲的樂趣變壓力

簡單來說，就是把原本單純遊戲所引發的樂趣，變成一個會被檢視、評價的作業或任務，透過評比的機制，讓玩遊戲的樂趣逐漸成為一種表現的壓力，流失了原本的趣味與動機。就跟我們從小在學習中所體驗到的感覺一樣，我們怎麼樣在學習的過程中失去對學習的興趣，就可以如法炮製，應用在孩子的網路遊戲上。

比如說，當孩子在玩手機遊戲時，你可以問問他的排名或戰績。然後想像如果你是老師，把孩子遊戲的表現視為一個學科考試，假設他考出了不盡如人意的成績，你的反應會是什麼？

「嗯，你的戰績在亞洲服（伺服器）看起來不是很理想呀？」

「你有花很多時間在練習這個角色嗎？怎麼會只完成這樣的積分呢？」

「你知道這個角色的定位是什麼嗎？怎麼樣可以發揮最大綜效？不知道就要去研究呀！玩遊戲怎麼都沒方法呢？」

「只有星耀II（排位名稱）？你知道還有多少人排在你前面嗎？」

「你是怎麼練習的？你用了什麼策略？你有做功課嗎？」

「來，筆記拿來，我考你。沒有做筆記？你玩遊戲竟然沒有做筆記？這種心態你還敢跟我說你喜歡這個遊戲？」

「每一次玩，我都要看到你的進步。」

「別跟我說什麼你需要更多時間玩手機，你需要的是先做筆記，寫研究報告，然後再去練習。」

類似這樣的對話，大家應該不陌生，從小到大我們聽過不少，只是我們把內容從考試換成網路遊戲而已。

在這個過程當中，原本單純玩遊戲的喜悅，被我們外部化成專業表現的評比、檢討與改進，樂趣和喜悅不知不覺被消磨殆盡。換個角度來說，如果孩子意外因此有更明顯的進步，不只增強了他對於學習技巧的信心，也可以請孩子將這些正向經驗複製到課業的學習上。畢竟面對遊戲的進步策略，比如做研究、閱讀筆記、改進報告等都需要用到文字、書寫、表達與組織能力，就跟課業上需要具備的能力一樣。

二、改變遊戲的意義

對於重度沉迷手遊的人來說，除了單純享受遊戲帶來的樂趣外，通常也會有其他層面的心理意義，比如說透過遊戲逃避某些壓力、拖延某些責任、避免某些情緒的影響等。這些隱含在娛樂背後的念頭平常並不容易被覺察，所以如果這些念頭可以浮現到意識的層面，就會讓孩子在玩手遊時，同時產生新的理解跟覺察，有別於單純只是想玩樂的念頭。

當玩樂跟逃避這兩種念頭同時被自己覺察到時，會陷入一種認知上的衝突，比如「我玩手遊並不只是因為好玩，其實我也在逃避學習上的挫折」，一旦大腦內這樣的衝突越來越檯面化，一個人對自己的覺察才會變得更敏銳。有時候這種覺察也可能帶來進一步改變的機會。

至於如何帶來這種意識上的衝突呢？最簡單的方法就是讓這些潛意識檯面化，直接把它擺到意識的層面，讓它跟表面想玩樂的意圖彼此對立。比如說你可以讓孩子把手機裡存放遊戲的資料夾命名為「逃避責任」，這樣他每次要打開遊戲APP時，就必須先找到「逃避責任」的資料夾，這就是把潛意識的念頭（逃避責任）搬到意識層面的做法。

又好比說，你可以請孩子每天使用手機前，要大聲表達對手機的感謝：「謝謝你，小蘋果。藉由你，我又可以逃避我該面對的＿＿＿＿（如責任）。」如果孩子賭氣不說，你也可以在旁邊幫他說：「記得感謝你的手機呀，它可是幫你逃避了不少你應該要面對的責任。」

類似像這樣非典型又帶著違和感的做法，是一般正規親職教養書籍不會推薦的。因此，作為一個正規的心理學家，我也僅是和你分享我自己的經驗而已。（但如果你覺察到孩子有明顯的情緒困擾時，請斟酌本建議，甚至不要使用）

然而，要能讓潛意識（個人議題）與意識（想要玩樂）彼此對立或衝突，我們仍然需要先理解孩子使用網路背後的潛藏意圖，這就相當仰賴家長平時對孩子的理解程度。

三、交替遊玩，減少重度沉迷

另一個專業上的建議，則是要求孩子玩手遊時，必須在多個遊戲之間輪流遊玩。目前有學者研究發現，在同一時段進行多個遊戲項目的交替遊玩，會減少對於單一手機遊戲的重度沉迷。

合作代替禁止

一般來說，孩子們不太會覺察自己過度使用網路，對情緒、學業、生活、人際關係的改變，因此，**帶著孩子「覺察」是第一步**。

通常，我會建議爸爸媽媽透過家庭會議的正式場合，分享你觀察到孩子因為使用網路帶來的損害，以及你的擔心。表達擔心這件事情是相當重要的，我們是因為這份擔心才有後續的各種情緒與反應，把擔心說出來，彼此才能從這個角度找共識，孩子比較能夠覺察自己的行為與後果，進入合作模式的機會也比較高。倘若直接以禁止的手段處理網路使用問題，往往會落入更多對立的局面，反而不是我們要的結果。在家庭會議中可以討論：

- **時間規劃：**包含每天能使用多少時間、已經使用多久時間，這兩項都要記錄，前者是從自我規範的角度出發，後者則是從自我覺察的角度回溯與目標的差異，並且量化為每週的表現。
- **活動安排：**除了上網以外，其他娛樂時間的替代活動。
- **管控原則：**當執行不力時，可允許的管控方法是什麼？家長在討論管控時，盡量避免以立即全面禁止、完全斷絕的方式出發，因為此舉引發的反彈會太大，如果家長熬不住孩子的反彈與抗拒，做出了讓步，之後就很難再堅持立場。一般來說，超時使用可以用往後扣時的方式進行，且最好就在下一次進行，否則最後會變成迷糊帳。

- **白紙黑字：**將會議紀錄張貼在電腦前或是手機背面，以充分作為提醒與彼此的共識。

弱化感官體驗

掌握感官弱化的原則：五感減「二」＝四不像。

如果孩子已經比較重度使用網路，進而影響到本分、責任跟人際關係時，建議就要在家庭使用中給予限制。但如果此時對手機進行完全的限制或管控有困難，你也可以考慮弱化孩子使用手機時的感官體驗，比如說規定他不能放出任何聲音（非禁止使用，但不能有音量，也不能使用藍芽耳機），通常這會降低手機遊戲的體驗品質，連帶影響使用的意願跟期待。

除了聽覺以外，遊戲的整體體驗感受也是一個感官弱化的方向。由於手機推陳出新頻繁，更強大的新機種才能順暢的玩容量大的遊戲，因此一開始提供孩子手機時，就應該以除役、舊世代的型號為唯一考量（能有基本通訊功能即可），如果再搭配手機電量的退化耗損，會大大降低遊戲中的感官體驗。

假如孩子希望能夠換新手機，那他就要想辦法好好說服你，讓你相信他憑什麼可以擁有新手機，包含他打算怎麼管理手機時間、什麼條件下才可以使用、一次可以使用多久、如何檢核是否有盡到該盡的責任、退場機制（沒收手機）是什麼等，這些都要說得清楚具體，甚至立定合約才有足夠的說服力（相關的談判與說服細節，可以在網路上搜尋關鍵字：陳品皓／手機／說服）。

科技輔助監控

可以參考網路上幾款推薦的網路使用時間監控器，這些APP可以記錄手機上的網路使用時間、類別時間（比如FB的時間、遊戲的時間等）、時間比例，透過這些數據便能了解孩子大概是怎麼使用手機的，當有此類APP時，可以和孩子做適當的約定，比如每天允許一定程度的使用量，但若超過就收回，或是一週可以用的時數，若超過就從下週扣除等。讓孩子先有自覺，然後再逐步設限，設限的原則在於不馬上收回，而是給予一個使用總量。

雖然我們在這一節，和大家分享了一些應對孩子重度使用手機的策略，然而這些說穿了都只是技巧的應用。真正的核心，仍然要回歸到孩子之所以沉迷於網路遊戲世界、迴避現實生活中的角色，背後各種影響的因素，而這仍然是建立在親子間溝通的基礎之上。

當你們又因手機管教起衝突……

當家長與孩子為了網路使用問題而衝突時，多半是因為雙方對網路使用的標準沒有共識。就算一開始有共識，但使用的當下隨時會變卦。當彼此立場完全對立的時候，期待雙方能夠好好講話是違反人性的。看到孩子講不聽，我們通常就開罵，罵到孩子心不甘情不願的收手為止。但不管如何，最終結果都是彼此嚥不下心中的那口氣，一方抱怨對方蠻橫愛控制，另一方生氣對方越界還不自制。

所以請別太期待雙方能在這件事情上溫和溝通，許多時候我們真的很容易因為孩子的一個眼神、一句話或是一個態度就爆炸了。（青春期的孩子不知道為什麼，整張臉從任何角度看，甚至從背面看，都覺得隨時「結屎面」）

你是不是常常因為網路使用或各種原因和孩子起口角，氣不過就大開罵，最後關係降到冰點？心裡不喜歡這種對立的感覺，但又常自責沒教好孩子，而有罪惡感？

如果你也常常在這種負面的循環中來回重複，我想跟你說：「沒關係的，你不孤單。全台灣有幾百萬個家長，他們此刻和你一樣，也在這樣的輪迴當中無盡糾結。」

一想到這，你有沒有好過一點？我有。知道自己不是唯一慘的，這本身就很療癒。

溝通中的自我覺察

一直以來，我在各地的演講中，常常碰到觀眾提問：「要怎麼樣才能讓孩子好好聽我說話？而不是我講一句，他頂嘴一句，我講一句，他又再頂嘴一句。」

被問到這個問題時，我心裡通常會有一個不好說的答案：「要讓孩子在你說話時心平氣和、默默安靜不回話，這方法不是問我吧！你要問的應該是麻醉科醫師，至少他們知道怎麼讓一個人瞬間安靜，甚至安靜好一陣子。」

如果衝突不可避免，要在衝突當下溝通就更難上加難，除非我們內在的修養到了一個境界。這也是為什麼許多講溝通、說關係的書或課程，最後都不約而同提到「自我覺察」。因為許多溝通中的衝突，最終的源頭仍然映射回我們各自生命議題的延伸。在溯源的過程中，我們才得以把自己意念背後，來自生命經驗沉積下形成的輕重緩急看得清楚，也比較能為自己在關係與溝通中，找到內心的空間與餘裕，而這也是

「自我覺察」更深刻的意義所在。

在這個凡事講求速效的時代，說起溝通中的自我覺察，這種要下功夫慢慢淬鍊的事，就跟你想投資股票，結果投顧老師跟你說只要買大盤被動指數型基金，然後安靜放個十年，跟著股市一起成長，期間不用管它、不用看盤、不用選股、不用每天殺進殺出一樣。要是哪個投顧老師敢在他的收費投資課中這樣跟學員主張，那這堂課要不了多久一定倒掉。大家來投資都只想在短期內獲得暴利，然後四十歲退休，誰跟你在那邊花時間慢慢耗。同樣的現象，每個家長面對親子溝通間的衝突、困擾，都想要趕快解決，讓對方馬上平靜下來、安靜聽話、不要插話，誰會想在那邊跟你慢慢耗。

所以要講好好溝通，我們就無法迴避對自己的探索。當我們願意給出對自己、對關係的承諾時，我們就有能力給自己多一些餘裕在情緒中停留，在停留中多貼近自己一點、在貼近中更體察自己一點、在體察中多接納自己一點，這三個點會在時間的長河中連成一張自我覺察的面。

然而遠水救不了近火，溝通就令人想發火。面對孩子使用網路，或是因為網路問題沒有共識、起口角或態度不好時，我們該怎麼辦呢？我和大家分享一些米露谷團隊近幾年用過的方式，儘管每個孩子有很大的個別差異性，不過仍可以作為大家的參考。

避免在衝突時說教

我們必須先接受一個很重要的前提，孩子就是喜歡用似是而非的論點反駁你說的話，同時，你對他的任何觀點也有一種想要馬上糾正的衝動，於是形成了「相愛相吐槽」的螺旋：你想糾正他的鬼話、他用鬼話反駁你的廢話。

所有你試圖說服他的論點，最後都會被他反駁，衝突便在一來一往中發生。你試圖想讓孩子理解的道理和價值觀，最後都被他丟到垃圾桶，如果你家的衝突都是這樣開始，你的說教在這種狀態下是起不了作用的。因此我們在說教之前，就該先思考有沒有其他方式可以帶來影響，而不是用衝突的方式。

同理心對話

我們都知道同理心是嘗試了解對方的觀點、感受，我們如果想在溝通中避免衝突，達到訊息真正被聽到的可能性，最上乘的原則就是：**當我們了解是什麼驅動對方的所思所想，我們才有機會理解他的邏輯和規則，也才有機會改變他的決策。**

這裡有趣的是，當孩子的立場或論述邏輯很薄弱時，同理心的對話會讓他們在對話中看到自己想法的缺陷或搖擺（俗話說的自打臉）。

而同理的回應策略很簡單，原則就是：重複。

你聽對方說完一段話，接著重複他剛剛說的最後幾個字、段落中的重點，或是你的好奇點（用問句順勢為孩子帶出對話中的思考空間）。

以下是對話範例：

「明天的考試都準備好了嗎？」

「考試我都複習過了，我現在只是在休息（用休息的藉口滑手機），先不要吵我。」

「你覺得複習考試很累是嗎？」

「對，很累，明天考英文，老師教超爛的。」

「老師教很爛？」

「他上課幾乎都沒人在聽，鬼才聽得懂他在說什麼，然後文法也沒好好教，只會在班上鬼吼鬼叫，叫大家把手機收起來、不要睡覺，就是講一些廢話，總之他不會教啦！」

「全班上課時都在滑手機跟睡覺？」

「不是全班，也是有人在認真。但是大家都不喜歡上他的課，而且他很雙標（雙重標準）。他對班上某些人特別好，就是那些功課比較好的人，他對他們就是比較好；班上比較調皮的人他上課就不太管他們，這很不公平。」

「他對你的標準也是嗎？」

「對呀，他就雙標呀，所以我們班很多人都不喜歡上英文。」

「你也是嗎？」

「沒有呀，我是本來就對英文沒什麼興趣，他教的我又聽不太懂，不是因為雙標呀。」

「你對英文沒什麼興趣？」

「對呀，學英文又沒什麼用，工作也用不到。」

「你的工作是指什麼？」

從上面的對話，你會發現孩子在表達的過程中，要梳理自己的想法，無論想法是否成熟，都會在這個過程中被意識、被檢視邏輯（訊息）前後不一致的狀態。同理策略有幾個操作原則：

一、重複重點、好奇提問

孩子會因你的好奇而表露更多想法，你也透過提問傳遞出你對他嘗試理解。提問會讓孩子把想法形成表達，透過表達整理想法，引發更多聯想。

二、製造停頓、引發回應

當你重複了重點或是提出好奇之後，試著等候一下，讓沉默或安靜催化互動的進行。很多時候，沉默會讓一方用更多的表達來填滿互動的空間。如果你覺得沉默讓彼此很尷尬，這是沒有關係的，它有用。（你不用急著當打開僵局的人，你只需要順著好奇提問）

三、反覆嘗試、形成習慣

如果你發現常常和孩子說不到幾句話就被句點，先不要灰心或氣餒，也不用一味怪罪年輕人太省話，可能是你們過去的互動模式很容易讓溝通熄火，再練習看看就好。

衝突當下，定義局勢

當雙方在溝通中的語氣越來越不好，甚至任一方開始說話大聲或動氣，彼此都意識到氣氛很高張時，這邊有一個比較簡單的溝通中斷法，就是「定義局勢」。

定義局勢的核心精神是：問題並不是在單一個人身上，而是彼此都面臨需要解決的情況。

因此，在衝突一觸即發、雙方劍拔弩張的當下，我們可以先把局勢或狀況說清楚。詢問孩子：「現在是什麼狀況？」「你覺得我們現在遇到什麼狀況？」「你說說看我們現在遇到的狀況是什麼？」在表達的時候，避免大聲或憤怒的口吻，而是用平淡的語氣詢問孩子。之所以用提問的方式，有兩個原因：

一、提問是聚焦思考的過程

當你提出對現況的疑問時，某種程度上是把你們雙方都從情緒的對立與衝突邊緣，試圖將焦點拉回到最初引發衝突的情境，以及問題的本質。在這個過程中，我們是透過對自己、對孩子的提問，重新試著讓場面能夠聚焦本質。雖然當下大家的口氣都不會太好，也可能隨時會擦槍走火，但這是可以透過練習逐漸熟悉的互動原則。切記，每當你提出一個問題、給出一個回應，都要刻意放慢語速，並且拉長等待對方回應的時間。

二、提問是重新配置注意力

問題一旦拋出後，就會讓接收者陷入回應或思考的框架。而在這個回應或思考的過程中，從更高層次的大腦運作來說，就是在重新分配注意力資源，讓原本即將陷入情緒中的大腦，有理智參一腳的機會。

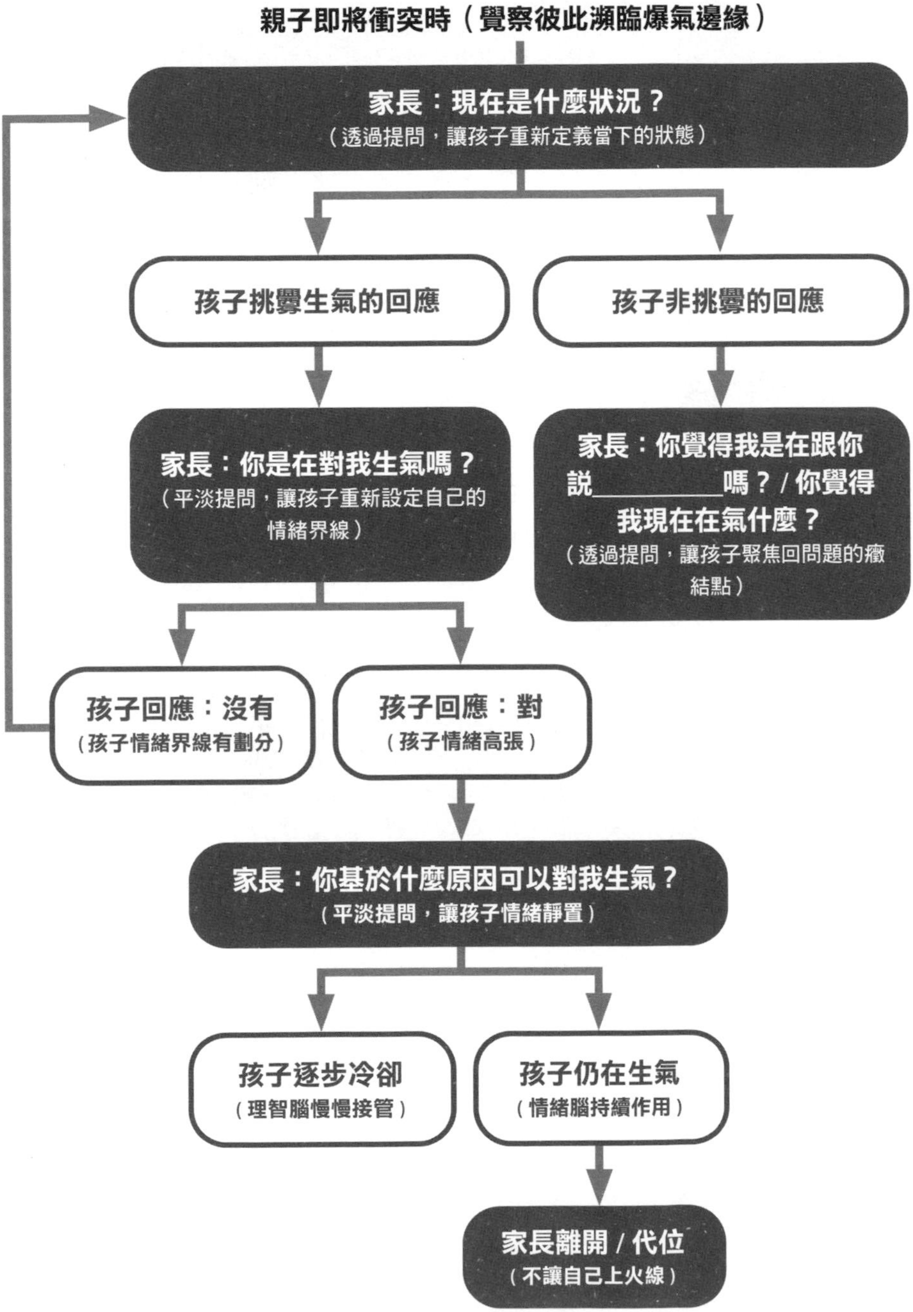
親子即將衝突時（覺察彼此瀕臨爆氣邊緣）
家長：現在是什麼狀況？
（透過提問，讓孩子重新定義當下的狀態）
孩子挑釁生氣的回應
孩子非挑釁的回應
家長：你是在對我生氣嗎？
（平淡提問，讓孩子重新設定自己的情緒界線）
家長：你覺得我是在跟你說＿＿＿＿＿嗎？／你覺得我現在在氣什麼？
（透過提問，讓孩子聚焦回問題的癥結點）
孩子回應：沒有
（孩子情緒界線有劃分）
孩子回應：對
（孩子情緒高張）
家長：你基於什麼原因可以對我生氣？
（平淡提問，讓孩子情緒靜置）
孩子逐步冷卻
（理智腦慢慢接管）
孩子仍在生氣
（情緒腦持續作用）
家長離開／代位
（不讓自己上火線）

無量迴向父母心法

以下是面對青春期孩子各種引發我們身心失衡的行為時，可引以為念的迴向心法。不論是在衝突之前、衝突當下或是衝突之後，當你仍然忿忿不平、心有罣礙時，可在心中潛心默念，通常可修靜心之效。

● 當孩子頂嘴時，恭喜你……

品質良好的頂嘴，代表大腦成功發育。

會頂嘴，代表孩子的時間與空間組織能力、記憶力、邏輯推演力很好，才有辦法從大人不一致的地方，找到突破口。這是一個鍛鍊自我表達的好機會，把它當作是鍛鍊大腦認知功能的機會，你會好過很多，孩子也會獲益很多。我知道你心臟快沒力，手又很想往孩子頭上扒下去，但先緩緩別心急。

● 當孩子嘲諷時，恭喜你……

高級酸的挖苦，是認知能力強的展現。

會嘲諷或挖苦對方，需要成熟的語言能力，更需要高度語言使用的智力。會挖苦，代表他對環境有敏銳的觀察力、能理解語境中的脈絡、有一定程度社交經驗，才能判讀和使用諷刺。挖苦是一種高端能力，我們氣歸氣，手先別急著揮下去，該教育的觀念還是要先教育。

● 當孩子說謊時，恭喜你……

好品質的謊，是高端大腦力的展現。

好的謊，要會換位思考，預設你的預設，包括理解你的意圖、立場及情緒，還要知道如何統整零碎資訊、產出完整謊言，不露出表情或情緒的破綻，這是大腦執行功能的極致。理解說謊是一種人性，我們就能把焦點放在對坦承的鼓勵。雖然你不見得會好過，但孩子會獲益許多。

●當孩子講幹話時，恭喜你……

高頻率的幹話，浮誇矛盾就像青春期。

語言是一種力量，善用這種力量需要練習。幹話就是其中一種練習的方式，既娛人也自娛。語言作為一種攻擊的手段，幹話是相對安全的形式，可隱藏自己的意圖，又可干擾對話的節奏來操控場面。儘管幹話讓爸媽無語，但我們也可以用幹話回應，以其人之道，還治其人之身。

●當孩子擺爛時，恭喜你……

高濃度的擺爛，是起步前的低蹲姿態。

擺爛可能代表他試著接受壞結果，這是一種面對事情失控時不擔憂的強大心理。用擺爛面對失控帶來的威脅，就降低了大崩潰的風險。擺爛是對控制的暫時放手、壓力的調節釋放，以及再次面對的心理預備。

儘管擺爛讓爸媽生氣，但也讓挫折的孩子逐漸恢復生氣。

結語

讓孩子在愛與相信裡得到能量

在本書的尾聲，謝謝大家和我一起走到這裡，我們一起在這個旅程中，試著釐清、貼近，屬於過曝世代的成長議題與心路歷程。這本書不會是對所有現象的解答，但若經由閱讀，我們能和自己的經驗對話，從中找到一個理解孩子的方向。如此，我們團隊多年的努力就有了足夠充分的意義。

從事實務工作多年下來，我們的治療師團隊和大小孩子們的合作次數已經是數以萬計。然而每一次和孩子的會面與交流，都是我們彼此生命中全新的開始。我很享受和孩子們相處的時光，帶著一種生命中真誠交會的療癒感。同時我珍惜也感謝，每一位孩子用他們獨特的經驗與人生教導我，關於生命中各種曲折、幽暗與脆弱。

我們有幸，能陪著他們一起走過這些困頓、糾結與徬徨。我們有幸，能見證他們在起伏中，逐漸長出自己的樣子。對於過曝世代孩子，他們有這個世代獨有的優異與天賦，也有我們難以領略的壓力與擔憂，希望我們彼此都能在理解中，願意給出更由衷的包容和尊重。

回到青春期孩子們在這個階段的種種挑戰，不論是人際關係的變動、面對評價的威脅、自我認同的探索等。每一個儘管都是大人眼中的小事，但都是孩子們心目中的大事。

不少家長都曾問我：面對孩子很在意別人的評價，而且很容易因此影響心情怎麼辦？我想跟你聊聊我自己的看法，你可以不用認同我，我只是說說我自己的經驗。

某種程度上，我想我們大概注定一輩子都會活在別人的眼光裡。事實上，只要當你意識到有人在你身邊時，一部分的你便已經不自覺的活在他人的評價中。這是如此自然的天性，以至於我們永遠難以逃離。因此，如何面對他人的眼光（評價），既然不是我們能夠刻意控制的思緒，也就不應該是我們此生要費心的問題。

與之相對的是，我想以怎麼樣的樣貌，活在他人心中？這是我能夠決定的事情。

因此，在人生如此有限的旅程中，我們如果能找到一種原本就蘊含於自身的力量，經由雕琢後展現它的光芒，不論是來自天賦、表現、興趣或使命，都能讓我們的存在本身擁有一種價值。隨著這份價值感逐步內化成為自我認同的一部分，我們將因此有了面對外在評價的能量。而這份力量的源頭，始終都來自於家人的相信和陪伴，以及純粹的愛。

這大概是任何一個世代，作為人這樣的物種，不變的歸宿。

家庭與生活 093

過曝世代

青少年為什麼更不快樂、更缺乏安全感、自我評價更低落？

作者｜陳品皓
責任編輯｜許翠瑄
編輯協力｜謝采芳
文字校對｜魏秋綢
封面設計｜黃育蘋
內頁設計與排版｜賴姵伶
行銷企劃｜蔡晨欣

天下雜誌群創辦人｜殷允芃
董事長兼執行長｜何琦瑜
媒體暨產品事業群
總經理｜游玉雪
副總經理｜林彥傑
總監｜李佩芬
行銷總監｜林育菁
版權主任｜何晨瑋、黃微真

出版者｜親子天下股份有限公司
地址｜台北市 104 建國北路一段 96 號 4 樓
電話｜ (02)2509-2800　傳真｜ (02)2509-2462
網址｜ www.parenting.com.tw
讀者服務專線｜ (02)2662-0332　週一～週五 09:00~17:30
讀者服務傳真｜ (02)2662-6048
客服信箱｜ parenting@cw.com.tw

法律顧問｜台英國際商務法律事務所 · 羅明通律師
製版印刷｜中原造像股份有限公司
總經銷｜大和圖書有限公司　電話｜ (02)8990-2588

出版日期｜ 2024 年 4 月第一版第一次印行
　　　　　2024 年 8 月第一版第五次印行
定價｜ 400 元
書號｜ BKEEF093P
ISBN ｜ 978-626-305-767-8 (平裝)

過曝世代 : 青少年為什麼更不快樂、更缺乏安全感、自我評價更低落？ / 陳品皓著 . -- 第一版 . -- 臺北市 : 親子天下股份有限公司 , 2024.04
288 面 ; 14.8×21 公分 . -- (家庭與生活 ; 93)
ISBN　978-626-305-767-8(平裝)

1.CST: 青少年 2.CST: 青少年心理 3.CST: 青少年教育 4.CST: 親職教育

528.2　　113003002